내성천에는 은어도 별이 된다

이복희 수필집

내성천에는 은어도 별이 된다

작가의 말

내 삶을 새롭게 일깨우며

    언제부터인가 혼자 있는 시간을 즐기게 되었다. 오롯이 나만의 세상에서 나를 만날 수 있는 시간이 좋다. 혼자 산책을 할 때나, 책을 읽거나 글을 쓸 때가 그 시간이다. 이 중에서 글쓰기는 나의 정체성을 찾는데 큰 몫을 했다.
    글쓰기의 결정적 계기를 찾아 거슬러 올라가 보면, 책속에 머리를 파묻고 있는 단발머리 계집애가 있다. 초등학교 특별활동시간에 '자유교양반'이라는 시간이 있었다. 책이 귀했던 시절에 처음으로 나만의 책을 갖게 된 기쁨을 지금도 잊을 수 없다. 친구들과 책을 읽고 독후활동을 하면서 가슴속에 글쓰기 씨앗을 몰래 품었다.
    내 마음 깊숙한 곳에 그 씨앗이 숨죽여 있는 줄을 까맣게 잊고 지냈다. 마흔이 넘은 나이에 나의 정체성에 대한 물음을 던졌다. 누구의 엄마 누구의 아내가 아닌, 나 자신은 어디에도 없었다. 이때부터 나를 찾아가는 여정이 시작되었다. 글쓰기 초보 농사꾼으로 발 들여놓은 뒤 나의 글밭 가꾸기는 흉작과 풍작을 오갔다.
    20여 년 글밭에 뒹굴다가 이제 첫 수필집을 내게 되었다. 수필은 내 마음의 그릇이다. 글의 소재에 따라서 은구슬이 굴러가는 소리가 났다가, 종달새 지저귀는 소리가 들렸다가, 추적추적 내리는 빗방울

소리도 담긴다. 그릇이 마르지 않도록 심연의 물을 퍼 올리기 위해 밤낮을 가리지 않았다. 나를 알아가는 과정이 거듭될수록 마음 깊은 곳부터 차오르는 뿌듯한 기운을 느꼈다.

『내성천에는 은어도 별이 된다』에는 그동안 써온 수필 중에서 소소한 일상과 이웃과 가족의 희로애락을 내성천의 흐르는 물처럼 풀어놓은 작품들을 골라 담았다. 봉화가 발원지인 내성천이 영주와 예천을 지나 문경에서 낙동강에 합류하듯, 내가 알고 지내던 사람들은 인연이라는 구심점으로 모두 하나가 된다.

처음 글쓰기를 시작했을 때 함께 했던 문우가 '1만 시간의 법칙' 이야기를 들려주었다. 매일 3시간씩 10년, 하루에 10시간씩 3년을 투자하면 그 분야에서 전문가가 될 거라는 말도 덧붙였다. 오랜 세월 글밭을 가꾸며 한길을 걸어왔다. 나에게 문학은 무엇인가. 먹기 위해 밥숟가락을 들듯이 글을 쓰기 위해서 펜을 드는 것이 일상이 되었다. 문학은 내 삶의 동반자이자 나를 새롭게 일깨우는 거울이 되었다.

마음의 그릇에서 발효된 수필 40편을 내놓는다. 흡족하게 와 닿는 글도 있지만, 뭔가 아쉬운 글, 어설퍼서 부끄러운 글이 적지 않다. 하지만 어쩌랴! 수필 한 편 한 편이 내 피와 살과 뼈를 깎아서 만든 자식과 같은 것을. 첫 수필집의 '첫'이란 말에 가슴 설레면서 내놓는 이 책이 누군가에겐 따뜻한 위로가 되고 용기를 주었으면 하는 바램을 가져본다.

2024년 9월
이복희

차례

작가의 말 4

1부 은행잎 양탄자

가르마 11
50원짜리 인연 16
이젠 편안하신가요 21
비문증 27
된장찌개 32
관문 36
오래된 신발 40
배설의 기쁨 45
티눈 50
내가 모르는 나 55

2부 도대체 어떤 맛일까

껌의 독백 63
도대체 어떤 맛일까 68
라디오 전성시대 73

내 사랑 막니　78

누에　82

동행, 나의 화초 사랑　88

머리카락　93

현월봉, 다시 만나다　98

다 컸네!　102

타임캡슐을 열다　107

3부　그녀, 나의 연인

이중섭을 그리다　113

내성천에는 은어도 별이 된다　118

그녀, 나의 연인　122

상추　127

샛강으로 날 보내주오　131

이 한 몸 바치오리다　136

방귀도 유전일까　140

함정　145

애프터서비스　150

카니발리즘　155

4부 날마다 울어대는 귀

자두나무　163

날마다 울어대는 귀　168

육아 필살기　173

공작선인장　179

보이스 피싱　184

곶감 도둑　190

돼지 잡는 날　195

소통과 불통 사이　200

새끼발가락　205

다시, 신혼　210

1부

은행잎 양탄자

가르마

가르마가 사람의 이미지를 결정짓는다는 말을 들었다. 가르마를 어떻게 타는가에 따라 얼굴형이 더 예뻐 보이기도 하고, 반대로 숨어 있던 단점이 드러나기도 한다. 머리카락을 넘기는 비율에 따라 5:5, 2:8, 6:4, 7:3, 9:1 등 가르마는 종류도 다양하다. 게다가 가르마와 상관없이 머리카락을 정갈하게 뒤로 넘기는 올백 머리도 있다. 나는 가장 기본적인 7:3 스타일로 오른쪽 가르마를 줄곧 타 왔다.

머리에 가르마를 타기 이전부터 이미 정수리에 있는 가마의 위치와 모류의 방향에 따라 가르마의 자리가 정해진다. 내 머리에는 정수리 오른쪽에 가마가 하나 있고, 앞머리에 가마가 하나 더 있다. 앞머리 가마의 소용돌이가 오른쪽으로 휘감아 돌아 쏠려 있고, 오른 이마 위의 머리카락이 소가 핥아 누른 것처럼 자라고 있다. 왼쪽으로 가르마를 타면 오른쪽 머리카락이 새가 둥지를 튼 것처럼 치켜 올라가 어쩔 수 없이 오른쪽 가르마를 고집해 왔다.

  언제부터인가 머리카락을 뒤로 쓸어넘기는 버릇이 생겼다. 무엇에 집중하고 있다가도 무의식중에 머리카락에 손이 간다. 왼쪽 손가락을 살짝 벌리고 오른쪽 이마에서 머리카락을 쓸어올려 뒷머리로 빗질하듯이 쓸어내린다. 섬세한 머리카락의 감촉이 손가락 사이로 느껴지면서 마음이 평온해진다. 여느 때와 같이 왼손을 들어 머리를 쓸어올리다가 중턱쯤에서 멈칫했다. '아차, 이게 아니지.' 오늘부터 왼쪽 가르마를 내려 했던 것을 깜빡했다. 헝클어진 머리를 쓰다듬고 오른손을 들어 왼쪽 이마에서 쓸어넘긴다. 오른쪽에서 쓸어넘기는 것만큼 감촉도 느낌도 영 시쁘게 느껴진다.

  가르마 방향을 바꿨다고 마치 가발을 쓴 것처럼 어색하다. 자리잡은 오른쪽 가르마를 덮고, 왼쪽으로 가르마를 낸다는 것이 쉬운 일이 아니다. 머리를 감고 손가락으로 빗어 넘기며 가르마를 찾아보지만, 쑥대강이가 된 머리에서 가르마는 사라지고 없다. 고개를 숙였다 들어 올리거나 바람과 맞닥뜨렸을 때도, 타놓은 가르마는 사라지고 머리카락은 뒤범벅이 된다. 자고 일어날 때도 밤새 무슨 일이 일어난 것처럼 가르마는 온데간데없다. 이럴 때마다 나도 모르게 두 손을 갈고리처럼 해서 원래 타던 오른쪽으로 가르마를 타고 있다.

  가마도 내림이 되는가. 첫애가 갓 태어났을 때는 몰랐는데 머리카락이 제법 자란 뒤, 목욕을 시키고 베이비 크림을 발라주면서 깜짝 놀랐다. 딸아이의 이마 가운데 나와 똑같이 가마가 하나 더 있었다. 게다가 오른쪽, 이마 위의 머리카락이 나와 판박이처럼 소홀은 머리가 자리하고 있었다. 아니나 다를까 둘째 딸아이도 마찬가지였다. 세 모녀가 하나같이 두 개의 가마가 한자리에 자리하고 있었다. 이것도 우리 집안의 내림으로 본다면, 피가 물보다 진하다는 말이 그저 생겨난 것이 아닌 것 같다.

사진 속의 내 모습들은 거의 머리가 왼쪽으로 살짝 기울어져 있다. 가르마가 흐트러지는 것이 싫어 나도 모르게 머리를 왼쪽으로 기울이고 다녔나 보다. 어깨가 결리고 통증이 심해 경락 마사지를 받으러 가면, 왼쪽의 근육이 돌처럼 굳어 있다고 자세 교정을 권했다. 게다가 한 방향의 가르마를 너무 오랫동안 타다 보니 가르마 부분의 머리카락이 자외선이나 외부에 많이 노출되어 숱이 줄어 듬성듬성해 보였다. 큰딸도 오른쪽 가르마를 줄곧 타왔다고 했다. 가운데 가르마를 타려고 해도 이마 중앙에 가마가 있어서 반듯하게 타지지 않는다고 투덜댔다. 작은딸은 사춘기적에 앞머리 가마를 족집게로 뽑아내기도 했다. 이렇게 가르마와 얽힌 사연을 뒤로 하고, 새로운 가르마를 타서 변화를 주고 싶은 마음이 들었다.

가르마 하나를 바꿨을 뿐인데 불편한 점이 한둘이 아니다. 한쪽으로만 길든 습관을 다른 방향으로 돌리려니 몸이 제대로 따라주지 않는다. 운전할 때도 나도 모르게 왼쪽으로 기울던 머리를 오른쪽으로 기울이려니 좌우 방향이 바뀐 듯하다. 화장할 때도 양치할 때도 머리가 오른쪽으로 저절로 기우니, 겨우 자리한 머리카락이 흘러내려 눈을 찌르고 눈앞을 가려 신경이 거슬린다. 별것 아니라 여기고 바꿔 본 가르마로 인해 새로운 것을 거부하는 몸의 반응이 여기저기에서 나타났다. 오랜 세월 내 몸이 가르마에 맞게 길들었나 보다.

요즘 타성에서 벗어나보려고 시도 중이다. 계단을 오르고 내릴 때도 늘 오른쪽 발을 먼저 내디뎠는데, 의식적으로 왼쪽 발을 먼저 내디뎌 걸었다. 처음에는 메떨어졌지만 차츰 익숙해지자 왼발이 먼저 앞섰고, 오른발에 비해 약했던 왼발에 힘도 올랐다. 또, 전형적인 오른손잡이 나는 왼손이 하는 일은 성에 차지 않아 늘 왼손은 오른손의 보조 역할만 시켰다. 그러다 보니 왼손보다 오른손이 더 거칠고 뼈마디도 굵고 크기도 왼손보다 크다. 그뿐 아니라 주름도 많아 미운 손이 돼버려 오른손을 다른 사람에게 내밀어보이기 꺼려질 때도 있다. 그래서 여태 많이 써먹은 오른손은 아끼고, 왼손에게 오른손이 하던 일을 맡기고 있다. 이렇게 여기저기 타성에 젖은 몸을 의식적으로 바꿔보려고 하니 불편한 점이 의외로 많다. 한편으로는 불편이 신선한 자극이 되어 또 다른 생활의 활력소가 되지 않을까 하는 기대도 있다.

어색하게 느껴졌던 왼쪽 가르마가 차츰 자리를 잡아가고 있다. 뭔가가 달라진 모습이라며 관심 어린 눈빛으로 친구들이 한마디씩 보탠다. 머리를 쓸어올릴 때도 자연스레 왼쪽으로 오른손이 올라간다. 손가락에 느껴지는 촉감이 살아나고 있다. 습관도 길들이기 나름인 것 같다. 다음에는 머리 중앙선을 따라 5:5 스타일인 앞가르마를 타볼 참이다. 앞가르마는 완벽한 계란형 얼굴이 아니라면 쉽게 소화해낼 수 없다고들 한다. 얼굴이 동글납작한 내가 도전하기 힘든 스타일이지만, 한번 시도해 보고 아니면 또 바꿔 타면 될 일이 아닌가.

50원짜리 인연

몇 남지 않은 은행잎이 가지에 매달려 있다. 노랑나비의 마지막 날갯짓처럼 애처롭다. 고등학교 1학년의 늦가을도 그처럼 가슴이 시렸다. 혼자 걷는 것을 좋아했는데 왠지 그날은 내키지 않았다. 은행잎 양탄자에 눈길을 떨구고 뚜벅뚜벅 버스정류장으로 발걸음을 옮겼다.

누군가 내게 인사를 건넸다. 한 남학생이 수줍은 눈빛으로 미소를 짓고 있었다. 자칫 콧방귀를 날리고 쌩 모른 척할 뻔했다. 그러기엔 그의 행동이 꽤 진지해 보였다. 같은 학원에 다니는 남학생이었다. 얼굴과 이름 정도만 아는 사이였다. 까불거리거나 거들먹거리는 남학생들과는 달리 그는 있는 듯 없는 듯했다. 마주치면 설핏 웃기만 해서 나도 그렇게 지나쳐 왔었다.

눈인사만 건네고 버스가 오는 쪽으로 시선을 고정했다. 뒤에 멀찍이 서 있는 그의 시선이 나에게 꽂혀 있기라도 하듯 신경이 쓰였다. 버스가 왔다. 냉큼 먼저 올라타서는 안내양에게 버스비를 냈다. 100원을 주면서 50원을 거슬러 받기가 좀 머쓱했다. 그래서 그의 차비를 내주었다. 아무 말도 못하고 고맙다는 표정을 짓는 그가 싫지 않았다. 서로 멋쩍어 창밖만 바라보고 서 있었다. 스치는 풍경보다 자꾸 그쪽으로 가는 시신경을 당겨오기에 바빴다. '이대로 버스가 계속 달려줬으면….' 잠시 엉뚱한 마음도 들었다.

'시몬, 너는 좋으냐? 낙엽 밟는 소리가.' 레미 드 구르몽의 시구가 내내 귓바퀴에서 작은 속삭임으로 맴돌았다. 가만히 놔둬도 뒤숭숭한 사춘기인데 갑자기 일어난 파장은 쉽게 가라앉지 않았다. 공부할 양으로 도서관에 앉았지만, 머릿속이 뒤죽박죽이었다. 하굣길에 버스정류장으로 가는 발길을 막을 수 없었다. 혹시나 하는 나의 기대를 그는 저버리지 않았다. 부끄러워하는 몸짓에 조용한 웃음으로 날 반겼다. 나란히 버스를 기다리며 공연히 단화 끝으로 땅만 팠다. 바닥에 누운 은행잎을 발끝으로 모아 작은 돔을 만들기도 했다. 버스가 오자 이번에는 그가 먼저 버스에 올랐다. 안내양에게 버스비를 내면서 '뒤에 타는 여학생 것도요.' 했다.

그날 이후 난 버스를 타지 않았다. 40여분이 걸리는 길을 걸어서 다녔다. 남학생을 사귀는 친구들이 곱게 보이지 않은 것도 한 이유였고, 자주 마주치면 이상한 감정에 휩싸일 것 같아 두렵기도 했다. 외로우면 더 외롭게, 괴로우면 더 괴롭게 괜한 무게 한번 잡아보는 것도 사춘기의 멋이라 여겼다. 빈대떡 뒤집듯 마음을 고쳐 먹었지만, 그래도 속은 휑하기만 했다. 집으로 가려면 그가 다니는 학교를 지나야만 했다. 며칠 후, 우연히 길에서 그를 만났다. 그날도 눈인사와 미소로 인사를 건넬 뿐이었다. '바보!' 야속했다. 그리고 졸업할 때까지 한 번도 보지 못했다.

8년 후, 그가 나타났다. 스물다섯 살의 건장한 청년으로 내 앞에 섰다. 기적 같았다. 버스정류장 앞 다방에서 만나기로 했다. 아무리 진정시키려 해도 가슴 속 방망이질이 잦아들지 않았다. 교복에 까까머리 수줍음 많은 남학생은 온데간데없었다. 진지하고 믿음직스러웠다. 소리 없이 입꼬리가 올라가는 미소는 그대로였다. 8년 공백의 어색함은 그리 오래가지 않았다. 그와 나의 연결고리인 초등학교 동창에게 거하게 술이라도 한잔 사야 할 것 같다.

우리의 데이트는 경부고속도로와 경부선철도를 오갔다. 수원이 직장인 그와 대구에 사는 나는 주말마다 대전에서 만났다. 내가 고속버스를 타고 올라가서 만나고, 내려올 때는 대구까지 그가 바래다주고 다시 기차를 타고 올라갔다. 함께하는 시간은 짧았지만, 오가는 설렘의 여운은 길었다. 만약 학창 시절부터 만나왔다면 지금 이렇게 만날 수 있을까. 당시 남학생을 사귀던 친구들의 만남이 그리 오래 가지 않은 걸 보아왔다. 그러고 보면 그때 비껴간 인연이 지금 다시 만남의 장을 열어준 것 같다.

맞선을 본다는 그의 말은 충격이었다. 부모님의 권유라지만 배신감마저 들었다. 좋은 감정으로 만나왔지만, 아직 장래를 약속하기엔 이른 것 같았다. 내가 가지기엔 뭔가가 부족한 듯하고 남 주기엔 아까운 심정이랄까. 선보는 전날 저녁을 먹으면서 부모님께서 원하시는 일이니 맞선 잘 보라고 마음에도 없는 말을 했다. 씁쓸하고 복잡한 기분이었다. 다음 날 아침 일찍 전화가 왔다. 선은 잘 봤냐고 하니까, "마음이 콩밭에 가 있어서…."라며 마음을 털어놓는 것이었다. 간밤 뒤척이며 끙끙거렸던 체증이 싹 내려가고, 절로 입꼬리가 올라가며 뿌옇게 안개 낀 시야가 환해진 느낌이었다.

어머니가 매우 편찮으셔서 그는 결혼을 서둘러야 했다. 맞선을 봐서라도 부모님이 원하는 대로 해드려야 한다고 했다. 자신의 상황을 차근차근 얘기하는데 진솔함이 느껴졌다. 8년 전의 이야기도 털어놨다. 그때 부모님께 내 이야기를 했더니 나를 데리고 와보라고 하셨단다. 그 말에 마음이 반은 넘어가고 있었다. 그리고 내가 버스를 타지 않고 걸어 다닐 때 버스정류장에서 날마다 어둠이 내릴 때까지 나를 기다렸다는 말에 완전히 넘어가고 말았다.

살아가면서 만나야 할 사람은 언젠가는 꼭 다시 만나게 되는 것 같다. 부모님께서 나보고 맞선을 보라고 해도 거절해 온 것이 그를 다시 만나려고 그랬나 보다. 불가에서는 '인(因)'은 직접적인 원인이고 '연(緣)'은 간접적인 원인이라고 한다. '인연'은 하늘이 만들어주지만, 이어가는 것은 사람의 몫인 것 같다. 좀 어긋났다고 인연의 끈을 무 자르듯 싹둑 자르는 게 아니라, 소중하게 여기고 아름답게 성화시켜야 하는 것이 아닐까. 버스비 50원이 우리에게 소중한 인연을 맺게 해주었다. 1년 후 우리는 더 풀리지 않는 서로의 끈에 꽁꽁 묶여 버렸다.

　세월이 흐르고 나는 지금 그 버스정류장에 서 있다. 버스가 바람을 일으키며 휙 지나간다. 노란 은행잎이 나풀나풀 떨어져내린다. 이런 날이면 왜 버스를 타고 싶어지는 것인지. 그날은 그와 만남을 예견한 것처럼 그곳에 이끌러 갔었다. 그 이끌림은 신의 섭리였을까. 부부의 연을 맺게 해 준 50원짜리 인연에 깊이 감사한다. 오늘도 내일도 서로를 마주 보며 더 깊이 품을 것이다.

이젠 편안하신가요

　명절이면 친정으로 아버지를 뵈러 갔습니다. 그런데 이번 추석에는 친정이 아니라, 선산공원묘지로 향했습니다. 달리는 차창 너머로 아버지의 얼굴이 어른거립니다. 언뜻언뜻 어머니 생전의 고운 모습도 스쳐 지나갑니다. 하늘나라에 두 분이 함께 계시니 적적하지 않을 것이라는 생각에 그나마 위안이 됩니다.
　아버지께서는 코로나 백신 화이자 2차를 맞고 이튿날 쓰러지셨습니다. 방안에서 버둥거리고 계시는 아버지를 오빠가 발견하고 119구급차를 불러 병원에 도착했지만, 이미 때는 늦었습니다. 아버지께서 쓰러지셨다는 연락을 받고 무슨 정신으로 달려갔는지 모르겠습니다. 운전하는 남편 옆에서 하염없이 눈물만 흘렸습니다. 퇴근길이라 차는 왜 그리도 밀리는지, 마음은 과속해서 벌써 아버지께 가 있었습니다.
　중환자실에 모셔진 아버지를 바로 뵐 수가 없었습니다. 면회시간은 왜 이렇게 더디게 다가오는지, 중환자실 앞에서 예닐곱 계집애가 되어 발만 동동 구르고 있었답니다. 코로나 팬데믹 상황이지만, 중환자실에는 면회할 수 있어서 그나마 다행이었습니다. 중환자실에 들어가는 절차도 복잡했습니다. 신발도 갈아 신고 가운도 걸치고, 소독은 물론이고 온도 체크에 명부까지 작성해야 했습니다. 코로나 팬데믹 상황이라도 아버지를 빨리 뵈어야겠다는 생각뿐, 이런 절차가 성가셔서 애가 탔습니다. 오만가지 생각으로 뒤숭숭한 마음을 가다듬고 아버지 병상에 다가갔습니다.

양팔이 침대 난간에 묶인 채로 맥없이 누워 계시는 아버지 앞에 섰습니다. 평소 강건하신 모습은 찾아볼 수가 없었습니다. 아버지 곁에 바투 다가가 손을 잡아도, 얼굴을 만져도, 말을 건네도 아무런 반응 없이 눈만 동그랗게 뜨시고 여기저기 살피고 계셨습니다. 눈물이 뺨을 타고 하염없이 흐르고 가슴이 아렸습니다. 평소 같으면 막내딸을 환한 얼굴로 반겨주시던 분께서 아무리 "아버지!"라고 불러도 대답조차 못하셨습니다. 눈을 뜨고 여기저기 두리번거릴 뿐, 사람을 알아보는 눈빛이 아니었습니다.

코로나19 백신의 부작용은 멀쩡한 아버지를 환자로, 중환자로 만들어놨습니다. 뇌출혈에다가 언어장애까지, 거기에다 폐렴까지 진행되고 있었습니다. 아무도 알아볼 수도 없고, 말도 할 수가 없었습니다. 오른쪽 전신이 마비되서서 소변줄에 기저귀까지 차고,

링거줄만 생명줄처럼 매달려 있었습니다. 입으로 물 한 모금, 밥 한 톨도 넘기지 못하고 하루하루를 버텨내셔야 했습니다.

담당의사는 아버지가 워낙 고령이라서 호전이 되기는 어려울 것이라고 했습니다. 지금은 병세가 제자리걸음인데 갑자기 나빠질 수 있다고 했습니다. 의사는 항상 보호자들은 대기하라는 말과 더불어 연명치료에 대해서 가족들 사인을 받아오라고 했습니다. 다섯 남매는 연명치료에 대해서 누가 먼저 말을 떼기가 힘들었습니다. 침통한 표정으로 있던 장남인 오빠가 조심스레 입을 열었습니다.

"아버지, 더 힘들게 해드리지 말자."

말끝을 흐리며 오빠는 더는 말을 이어가지 못했습니다. 나머지 가족들도 같은 마음이었습니다. 아버지께 가장 큰 불효를 하는 것 같아 모두가 고개를 들지 못했습니다.

백신 부작용 신고를 하려면 의사의 진단이 나와야 했습니다. 의사는 백신을 맞기 전부터 진행된 사항이라는 엉뚱한 말을 했습니다. 아무리 고령이라도 어제까지 멀쩡하던 사람이 하루 만에 그 많은 병에 걸린다는 게 도무지 이해가 가지 않았습니다. 보호자의 항의 끝에 의사는 질병관리본부에 코로나19 백신 부작용에 관한 서류를 접수해주었습니다. 자식들은 백신 부작용으로 인해 생사를 넘나들고 계신 아버지의 억울함을 어디에라도 호소하고 싶었습니다. 질병관리본부에 코로나 부작용의 사례로 신고했지만, 한 달이 지나도록 연락이 없다가 황당한 요구를 해왔습니다. 아버지 사망 후에 백신 부작용인가를 확인하려면 부검해야 한다는 내용이었습니다. 자식들 관점에서 부모를 두 번 죽이는 일을 해야만 할까요.

　중환자실 면회는 아침저녁으로 정해진 시간이 있는데, 보호자 한 명밖에 면회가 되지 않았습니다. 생전 아버지를 한 번이라도 더 보고 싶은 자식들 마음을 읽은 간호사는 눈을 감아주기도 했습니다. 날이 갈수록 거칫해진 아버지는 가죽과 뼈만 남았습니다. 주사를 맞은 자리에 피멍이 들고, 욕창이 생기고, 다리는 굳어가서 똑바로 펴고 눕지도 못했습니다. 아무리 주물러드리고 펴려고 해도 뇌의 운동신경 쪽까지 이상이 생겨서 도저히 다리를 펼 수가 없다고 했습니다. 병원에 다녀오는 날은 울가망하여 멍하게 허공만 바라봤습니다.

　아흔이 넘도록 자전거를 타고 밭일하러 다니신 아버지께서 이제는 눈조차도 제대로 못 뜨십니다. 임종을 준비하라는 의사의 말에 아버지께서 살 수 있다는 실오라기 같은 희망조차 앗아갔습니다. 입원하신 지 50일 되는 날이었습니다. 오전에 아버지 면회를 다녀오고 착잡한 기운에 싸여 넋 놓고 있었습니다. 전화 소리에 화들짝 놀랐습니다. 몇 시간 남지 않았다고 병원에서 빨리 오라는 연락이 왔습니다. 가족들 모두 중환자실 아버지 병상에 둘러섰습니다. 아버지의 호흡이 빨랐다가 늦었다가 잠시 멎기를 반복했습니다. 이생의 끈을 놓는 일이 이렇게 힘든 일인 줄 미처 몰랐습니다. 아버지는 자식들 모두가 지켜보는 가운데 서서히 눈을 감으셨습니다. 중환자실에 들어가신 지 50일 만에….

아버지가 돌아가시고 부검은 하지 않았습니다. 아버지 장례식을 치르고 몇 달이 지났건만, 아직도 질병관리본부에서는 아무런 응답이 없습니다. 계란으로 바위를 친다고 바위가 깨질까요. 나라에서 하는 일에 일개 범인인 우리가 아무리 발버둥 쳐봤자 소용없는 일이라는 것을 깨닫는 데는 그리 오랜 시간이 걸리지 않았습니다. 전 세계적인 팬데믹 상황에 내린 조치에 대해서는 아무런 불만이 없습니다. 단지, 아버지의 억울한 죽음이 안타까울 뿐입니다.

이런저런 생각에 잠기다보니 어느새 산소에 도착했습니다. 상석 위에 가져온 음식을 차리고, 아버지 어머니께 절을 올렸습니다. 더는 아프지 말고 편안한 세상에서 두 분 행복하게 사시라는 말씀도 드렸습니다. 산소의 잔디가 깔끔하게 정리된 것을 보니 명절 즈음에 이발하고 오신 아버지의 머리처럼 보입니다. 늘 정갈하게 몸단장을 하셨던 아버지, 어머니를 더는 뵐 수 없다고 생각하니 또 가슴이 먹먹해집니다. 그래도 나란히 두 분이 함께 누우신 봉분을 보니까 한결 마음이 편안합니다.

"아버지, 엄마 곁에 계시니 편안하세요?"

어디서 나타났는지 고추잠자리 두 마리가 산소 위를 빙글빙글 돌고 있습니다. 마치 아버지와 어머니가 자식들을 보러 온 것 같습니다.

비문증

내 눈 속에 화가가 들었나 보다. 하루는 날파리를 그려 올리고 또, 하루는 점인가 싶은 실지렁이를 그려 올린다. 때로는 뿌연 안개를 배경으로 머리카락 같은 비도 내린다. 잡으려 해도 도무지 잡히지 않고, 위로 갔다가 아래로 갔다가 좌에서 우로, 우에서 좌로 날파리는 종횡무진이다. 종일 눈앞에서 어른거리는 그림을 쫓아다니느라 감은 눈조차 아프다.

안경을 벗으면 코앞의 남편 얼굴도 제대로 알아보지 못하는 고도근시다. 안과의사는 '남자라면 군 면제에 해당하는 시력'이라고 한다. 겉보기에는 멀쩡하나 앞을 제대로 보지 못하는 청맹과니나 마찬가지다. 대개는 성장기를 지나면 고정 시력이 된다고 하는데 내 시력은 내리막에서 브레이크가 고장 난 차처럼 계속 곤두박질이다. 종합검진을 받을 때마다 고정적으로 재검진대상이 되니 늘 심기가 불편하다. 나이가 들면서 안압도 올라 자주 머리가 아파진다. 게다가 안구건조증까지 겹쳐 바람이 불거나 건조한 날에는 뻑뻑한 눈에 인공눈물을 달고 있다.

어느 날부터인가 눈앞에 먼지나 머리카락이 날리는 것처럼 무엇이 어른거린다. 눈 속에 이물질이 들어간 것처럼 성가셔서 자주 비볐다. 눈이 가렵고 충혈되어 안과를 찾았더니 날파리증, 비문증(飛蚊症)이라는 진단을 내렸다. 고도근시이거나 노안으로 인해서 생기는 증세라고 의사는 대수롭지 않게 말했지만 내 눈 속에 늘 날파리가 든 것처럼 찜찜했다. 딱히 눈을 혹사한 적도 없거니와 친정 다섯 남매가 다 안경을 쓰기는 하지만, 나만큼 고도근시가 아닌 것을 보면 유전이라고 보기는 어렵다. 그렇다고 노화 현상이라고 인정하기엔 아직은 억울하다.

처방치고는 너무 무성의하다. 신경 쓰지 말고 적응하며 살라고 한다. 눈만 뜨면 날파리가 눈앞에 어른거리는데 어떻게 곤두서는 신경을 잠재우겠는가. 눈꺼풀 찡그려가면서 움직이는 것에 초점을 맞추려고 애를 썼다. 눈동자를 움직이며 따라가면 슬그머니 없어지는 듯하다가 어느새 또 다른 티끌이 나타나 눈 속을 헤집고 다닌다. '이러다가 신경쇠약증에 걸리면 어쩌나!' 의사의 말대로 무시해 보기로 했다. 초점을 다른 곳으로 맞추려고 노력하니 전혀 보이지 않는 것은 아니지만, 차츰 덜 보이기 시작했다. 떼어낼 수 없는 혹이라 여기고 다독이며 함께 살 수밖에 없겠다.

내게 찾아온 비문증에는 뿌연 안개 속에 희미하게 그려지는 고향 마당이 있다. 삼십 촉 백열등 아래, 구멍 난 양말을 꿰매시던 어머니의 구부정한 등허리가 애처롭게 다가온다. 바늘구멍 찾다가 연신 실에 침을 바르고 이내 마당 귀퉁이 모깃불로 눈길을 돌리셨다. 눈치 없는 날파리 놈들이 백열등 주위를 뱅글뱅글 맴돌았다. 그땐 어머니의 흐려진 눈이 매캐한 모깃불 탓인가 했다. 눈앞의 검불도 걷어내지 못하는 내 나이 또한 어느새 지천명을 지나고 보니 어머니가 눈가를 자주 비비는 이유를 이제야 알겠다.

보다 못한 남편이 시력 교정 수술을 권했다. 혹여 잘못되어 앞이 보이지 않으면 어쩌나 하는 걱정 때문에 차일피일 미루고 있었다. 두 딸도 라식수술 후 안경을 쓰는 불편에서 벗어났기에 다져 먹은 마음이 변하기 전에 병원을 찾았다. 워낙 고도근시라 인공렌즈를 삽입하는 수술을 했다. 산부인과 이래 수술대에 오르는 일은 처음 겪는 일이다. 내 눈 속의 수정체를 걷어내고 인공 수정체를 넣는 수술은 손과 발이 다 오그라들게 했다. 수술하는 동안 눈 속에서 별들의 전쟁이 일어났다. 빨리 이 혹성에서 탈출하고 싶은 생각에 마음이 숯검정처럼 타들어간다. 나의 긴장으로 인해 의사가 실수할까봐 제대로 숨도 쉬지 못했다. 수술은 성공적으로 끝났다. 깍지 낀 두 손엔 진땀이 흥건한데 바짝 타들어가는 입안은 물기 없는 묵정밭이었다.

포르투갈의 작가인 주제 사라마구의 소설 『눈먼 자들의 도시』가 생각났다. 아무도 볼 수 없을 때 나만이 볼 수 있다는 사실에 주인공은 무서운 두려움을 느낀다. 그와는 반대지만, 다른 사람은 다 볼 수 있는데 나만이 보이지 않는다면 세상이 어떻게 느껴질 것인가. 상상만으로도 눈앞이 캄캄해진다. 어쩌면 나는 지금껏 보고 싶은 것만 보고 살아왔는지도 모른다. 볼 수 있으면서 눈먼 사람처럼 살아온 것은 아닌지. 이제는 외면해 온 곳을 따뜻하게 어루만지는 밝고 따뜻한 눈으로 다시 태어나리라.

내가 보아온 지난 세상은 오목렌즈를 통해 보는 축소판이었다. 거울 속에 비친 내 얼굴뿐 아니라 손톱이, 동전이, 하물며 밥 알갱이까지도 모두 크게 보였다. 작아졌던 것들의 반란 앞에 비대해진 세상은 물먹은 압축 스펀지였다. 동공에 얹힌 인공 수정체는 몸 부풀린 것들의 비밀을 하나둘 내게 알려줬다. 남편 얼굴의 주름과 잡티가 훤하게 다 보였다. 어디에 숨었다가 나타났는지 숱한 점들도 그대로 드러났다. 남자도 미용에 신경을 써야 할 때라며 억지로 피부과로 데리고 갔다. 눈에 거슬리는 큰 점들만 서른세 개를 제거했다. 그러고도 자꾸만 그의 얼굴을 뜯어보게 된다. 안 보고 대충 넘어가도 될 것을, 잘 보여서 남편만 성가시게 되었다.

눈앞이 환해지고 나니 새 세상이 열렸다. 책도, 컴퓨터도, 아들 녀석 콧잔등의 여드름까지도 안경을 쓰지 않아도 잘 보인다. 오랜

만에 보는 지인은 뭔가가 달라진 얼굴이라며 의심의 눈초리로 대하였다. 양미간을 찡그리던 버릇도 없어졌다. 잠결에 화장실 갔다가 변기통에 엉덩짝 빠질 일도 없어졌다. 청맹과니가 눈을 뜬 것이다. 현대 의학에 감사하고 또 감사할 따름이다. 그렇다고 비문증이 사라진 것은 아니다. 오히려 더 잘 보였다. 밝아진 세상에 더 좋은 볼 것들이 많은데 굳이 내 눈 속의 티끌을 애써 볼 이유가 뭐 있겠는가. 이제는 눈 안에서 명멸하는 그림이 아니라 눈 밖에서 자유롭게 펼쳐질 세상으로 눈 뜰 차례다.

  아직도 아침에 눈을 뜨면 안개 자욱한 밑그림이 펼쳐져 있는 듯하다. 그곳에 습관적으로 안경을 찾으려 더듬거리는 내가 있다.

된장찌개

된장찌개는 잘 발효된 된장에 갖은 재료가 어우러져야 맛깔스럽게 끓여진다. 어떤 재료라도 빠지면 밍밍해서 깊은 맛이 나지 않는다. 용기 또한 뚝배기라야 수저를 놓을 때까지 식지도 않거니와 친밀감과 푼푼함까지 느껴지고, 투박한 질감이 보는 맛도 더해준다. 아무리 먹어도 물리지 않는 음식을 꼽으라면 당연히 된장찌개다.

객지에 나가 있는 딸내미가 집밥이 먹고 싶다는 말을 자주 한다. 사먹는 밥이 한두 끼면 물린다는 것을 왜 모를까. 갓 지은 밥에 보글보글 끓는 된장찌개 두어 숟갈 넣고, 열무김치에 고추장 한 숟가락과 참기름 한두 방울 떨어트려 쓱쓱 비벼 먹는 맛을 어찌 잊을 수 있을까. 끼니때마다 아이들이 생각나고 특별한 음식을 하게 되면 한 그릇 갖다 먹이고 싶은 마음이 굴뚝같다.

마침 징검다리 연휴였다. 집에서 빈둥대며 보내기엔 아까웠다. 집안의 바람잡이인 내가 또 바람을 일으켰다. 남편을 꼬드기고 아이들도 살살 구슬렸다. 대전에 있는 아이가 구미로 왔다가 다시 올라가는 번거로움을 피해 서해로 가족여행을 결정했다. 다니는 것을 싫어하는 남편은 펜션을 알아보다가 포기하고 맛있는 것 사먹으면서 그냥 집에 있자고 했다. 한번 마음먹은 일은 해야만 직성이 풀리는 나는 SNS에서 대천해수욕장 근처 펜션을 현미경으로 들여다보듯 뒤지며 전화를 걸었다. 같은 말을 수십 번 되풀이한 끝에 예약이 펑크 난 펜션을 구했다.

아침부터 딸아이 가져다주려고 밑반찬은 물론이고 특별히 정성 들여 된장찌개를 끓였다. 뚝배기째 가져가면 얼마나 반길까, 생각만으로도 즐거웠다. 빨리 식혀서 아이에게 가져갈 요량으로 바람 잘 들어오는 베란다 창틀에 올려뒀다. 바람을 타고 코끝에 전해지는 찌개 냄새에 군침이 돌았다. 맛있게 먹을 아이의 얼굴이 떠올라 절로 미소가 피어났다. 세상에서 가장 듣기 좋은 소리가 내 새끼 입에 밥 들어가는 소리라 했다. 나도 부모가 되고 보니 그러했다. 다른 짐들을 다 챙기고 출발할 때 절대 잊지 말아야 했다.

콧노래를 부르며 십여 분을 달렸을까. 뭔가 찝찝한 기분이 들었다. 가스 밸브를 떠올리고, 비상등을 떠올리고, 고슴도치 밥을 주고 왔나 등등 머릿속에서 집 안 구석구석이 한 바퀴 돌았다. 찰나, 정수리로부터 뒷머리로 섬광같이 지나가는 것이 있었다.

"아차! 된장찌개!"

이런 정신머리. 괜히 뒷머리를 긁적였다.

"차 돌릴까?"

남편이 말했다. 어쩔 수 없는 것, 그만 잊으라는 뜻일 터이지만 왠지 비아냥으로 들려 찜부럭이 났다. 이미 차는 고속도로를 달리고 있지 않은가. 뒷좌석의 둘째가 "언니는 된장찌개도 못 끓여 먹냐."며 딴은 위로한답시고 거들었지만 아쉽기는 매한가지였다.

차는 내 마음을 아는지 모르는지 고속도로를 미끄러지듯 잘도 달렸다. 뒷좌석에 앉은 아이들의 재잘거림으로 된장찌개에 대한 미련을 삭힐 수 있을까 싶었지만, 여행 내내 창틀에 올려놓은 된장찌개가 마음에 걸렸다. '바람에 쏟아지지 않았을까. 한여름이라 벌레가 생겼을지도 몰라.' 아이들과 바닷가를 거닐 때도 폭죽놀이를 할 때도 잠자리에 들어서도 문득문득 머릿속에 된장 뚝배기가 어른거렸다. 머릿속을 떠나지 않는 된장찌개가 어린 날의 밥상을 불러냈다.

다섯 남매는 두리반에 둘러앉아 어머니가 끓여주신 된장 뚝배기에 누가 먼저랄 것 없이 숟가락이 들락거렸다. 갖은 반찬이 아니라도 김치에 된장찌개 하나만으로도 꿀맛이었다. 내남없이 밥 한 공기를 게눈 감추듯이 뚝딱 해치웠다. 입천장이 벗겨지는 줄도 모르고 퍼먹던 어머니의 손맛이 배인 구수한 된장찌개가 오늘따라 간절히 생각난다. 뚝배기 속의 된장찌개만 먹은 게 아니라, 그 속에 녹아든 어머니의 사랑을 퍼먹은 것이리라.

 집에 돌아오자마자 베란다로 나갔다. 창틀의 된장찌개는 완전히 다른 모습이다. 지질한 국물에 두부며 채소가 말라 간다. 진한 군침 돌게 하던 것이 지금은 심한 악취를 풍기고 있다. 그래도 미련이 남아 혀끝으로 맛을 보는 순간, 미간이 절로 찡그려졌다. 싱크대에 붓고 나니 딸아이에게 먹이지 못한 아쉬움이 새삼 짙게 밀려온다. 아쉬움 때문일까, 문득 된장찌개는 우리 '가족'과 같다는 상념에 잠긴다.

 된장찌개의 맛을 좌우하는 된장은 우리 집의 안주인인 내가 아닐까. 땅의 기운을 고스란히 받아 담백한 맛을 내는 호박이 큰딸이다. 우리에게 아빠와 엄마라는 호칭을 처음으로 불러준 아이다. 호박이 들어있지 않은 된장찌개는 뭔 맛이 나겠는가. 우리 집안의 양념이자 어느 자리에선 빠지면 섭섭한 기분이 드는 작은 딸이 파 같은 존재이나. 삼칠맛 나는 재료의 맛을 다 아우르는 두부가 아들 녀석이다. 이 모든 맛을 한 곳에 담아낼 그릇인 뚝배기가 남편이다. 세 아이와 나의 든든한 후원자이며 늘 바람막이가 되어 주는 그에게 담겨 우리 가족은 맛난 된장찌개로 거듭난다. 그리고 서로에게 살맛이 되어 준다.

 오늘도 된장찌개는 뚝배기에 담겨 보글보글 끓고 있다.

관문

　대학수학능력시험 날. 닫힌 교문 앞에는 아이들을 들여보내고 돌아서지 못하는 부모들이 발을 동동거리고 있다. 예전처럼 교문에 엿을 붙이거나 찰떡을 부치는 풍경은 없다. 몸은 교문을 들어서지 못하지만, 마음은 자식이 앉은 책상머리에 가 있다. 묵주를 들고 기도하는 할머니, 눈을 감고 두 손 모아 고개를 숙인 어머니, 주머니에 손을 넣고 하염없이 교실 쪽을 바라보는 아버지. 나도 착잡한 마음을 둘 곳이 없어 교문 앞을 서성거렸다.
　12년 공부의 결산을 하루 앞둔 날까지 아이는 담담해 보였다. 막상 당일은 아침도 거의 먹지 못하고 긴장한 빛이 역력했다. 밤잠을 설친 탓인지 지금까지의 컨디션 중 최악이었다. 남편도 출근을 늦추고 고사장까지 동행했다. 운전하면서 뒷자리에 앉은 딸이 걱정되는지 룸미러를 통해 연신 쳐다봤다.
　교문 앞에는 응원 나온 후배들과 많은 사람이 장사진을 이루었다. 아이는 그런 분위기가 싫다면서 울먹였다. 괜히 나까지 코끝이 시큰거렸다. 이래서는 안 되겠다 싶어 너만 이런 기분 아니라며 나무랐다. 제대로 격려도 못하고 수험생들에 떠밀려서 아이를 교문 안으로 들여보냈다. 마치 강보에 싸인 아이를 놓친 듯 가슴이 휑했다.

어제 팔공산 갓바위에 올랐다. 지인의 말을 빌자면 '수능 대박을 기원하는 필수 코스로 갓바위에 올라 기도를 하면 영험하다.'고 했다. 알고 보니 '석조여래좌상'의 머리에 쓴 갓의 모양이 학사모와 비슷하여 입시철 합격을 기원하는 행렬이 해마다 북새통을 이룬다고 한다. 아이에게 조금이라도 기운을 보태주고 싶은 마음도 간절했지만, 부모로서 이 정도의 정성도 안 보이면 면목도 서지 않고 내 마음이 편치 않아서였다.

해마다 그렇듯이 매서운 입시 추위였다. 살을 에는 바람이 몸을 휘감는데도 등줄기에는 땀이 골을 타고 흘렀다. 숨이 턱까지 차오르기를 여러 번, 자동차 주행으로 치자면 과속딱지가 여러 장 날아오르지 싶다. 한 번도 쉬어서는 안 될 것 같은 마음이 걸음을 재촉했다.

마침내 갓바위에 도착했다. "헉!" 잠시 숨이 멎었다. 해발 850미터의 관봉 봉우리에 4미터 높이의 갓바위. 웅장함에 기가 눌렸다. 말로만 듣고 사진으로만 보았던 그 영험의 현장에는 벌써 간절한 모정들이 엎디어 있었다. 새끼를 품고 홀로 눈보라를 맞는 어미 펭

권들 같았다. 오직 한 가지를 소원하며 몰아의 경지에 든 모습이 거룩해 보였다.

딱히 종교를 가지고 있지는 않지만, 가끔 절을 찾을 때가 있었다. 그래도 불공이나 절을 제대로 해본 적이 없어서인지 하염없이 불상만 바라봤다. 문득 아이 얼굴이 불상에 떠올랐다. 나도 모르게 합장을 하고 절을 했다. 처음 할 때는 아홉 배만 해야겠다고 마음먹었다. 한 번, 두 번, 하다 보니 생각이 달라졌다. '여기까지 온 이유가 뭐냐고? 내 아이를 위해서 아닌가?' 절을 하면서 횟수를 세다가 아이 생각이 꼬리를 물었다.

첫아이. 하늘이 주신 가장 큰 선물이었다. 임신 사실을 알았을 때 얼마나 기뻤던가. 고통 끝에 분만했을 때 그 희열을 어찌 말로 다 표현하겠는가. 딸이라는 사실을 알자마자 아까워서 어떻게 시집보내나 걱정부터 하지 않았던가. 나와 같은 출산의 아픔을 이 아이도 겪게 해야 하나. 이 아이가 딸이었기에 나와 같은 여자였기에 앞서서 걱정을 했었다. 실수투성이인 초보 엄마를 둔 아이는 자라면서 많이 헛갈리고 힘들었을 것이다. 그래도 아이는 별 탈 없이 잘 자라주었다.

너무나 많은 일이 떠올라 절을 한 횟수를 잊어버리기를 몇 번. 108배를 제대로 했는지도 모르겠다. 횟수가 뭐 그리 중요하겠는가. 절을 하는 동안 간절히 아이를 생각했고 지금 마음이 이렇게 편안한걸.

　오후 4시 50분. 교문 앞에는 아이들을 데리러 온 부모들로 인산인해였다. 꽁꽁 얼어붙은 교문은 좀체 열리지 않았다. 한 곳만을 주시하고 있는 부모들, 365일을 하루와 같이 다 아이를 위한 마음이겠지만 오늘 하루만은 더 특별했을 것이다. 하루가 어떻게 흘러갔는지 모르겠다. 머리에 아이의 얼굴로만 가득 찬 하루였다. 5시가 지났는데 교문 안은 정적이 흘렀다. 주먹이 자꾸만 꽉 쥐어졌다. 입안도 바짝 말랐다. 갑자기 기분이 이상해지면서 가슴이 뭉클해졌다. 눈시울이 젖어들었다.

　두런거리는 소리에 정신 차려보니 교문의 쪽문이 먼저 열렸다. 부모들이 한 줄로 늘어섰다. 다들 자기 아이를 잘도 찾는데 나는 내 아이를 찾지 못했다. 큰문이 열리자 봇물 터지듯 아이들이 밀려나왔다. 활짝 웃는 아이, 엄마 붙들고 우는 아이, 만세라며 소리치는 아이 등등, 그들 중에서도 내 아이는 보이지 않았다. 갑자기 휴대폰이 울렸다. 모르는 전화번호였다.

　"엄마, 어디야? 나 엄마 차 있는 데 있어."

　아이의 목소리가 아주 밝아서 안심했다. 몇 십 년 만에 상봉한 이산가족처럼 끌어안고 한바탕 난리를 피웠다. 아이는 관문을 통과하여 자유를 찾아 날아가는 새 같았다. 아빠와 통화를 하는 목소리는 벌써 저 하늘을 날고 있었다.

오래된 신발

　나는 신발을 살 때 진열장의 신발 중 첫눈에 쏙 들어오는 것을 고른다. 사람을 사귈 때도 첫눈에 호감이 가는 사람에게 마음이 끌리듯 신발을 고를 때도 그랬다. 처음 사올 때와는 달리 신다 보면 불편하거나 싫증이 나는 신발도 더러 있다. 낡고 닳아도 수선을 해서까지 오래도록 신는 신발도 있지만, 신발장 구석에 자리만 차지하게 둔 신발도 있다.
　큰맘 먹고 신발장을 정리했다. 사놓고 몇 번 신지도 않은 것과 유행이 지난 것, 아까워 버리지도 못하는 것뿐만 아니라, 언제 샀는지 기억에도 없는 신발까지 수두룩하게 꺼내 놓았다. 신을까 말까, 요모조모 따져가며 쓰레기봉투에 버리려다 한 번만 더 신으려고 다시 신발장에 넣기도 했다. 여러 켤레를 정리했는데도 신발장은 아직도 포화상태다.
　신발장 제일 아래 칸에 자리한 검정 부츠가 눈길을 끈다. 오른손으로 치켜들고 굽이며 안쪽의 상태를 꼼꼼히 살폈다. 딱딱하지도 않고 그리 부드럽지도 않은 재질의 가죽은 반지르르 윤기가 났다. 굽도 4cm 정도로 안성맞춤이다. 리본 모양의 장식이 세련미까지 더해 보인다. 유행을 타지 않고 싫증도 나지 않아 신을수록 정이 가는 신발이다. 싫증을 잘 내는 나의 성미에 유독, 이 부츠만이 제외된 이유는 따로 있다.

남편이 사준 첫 선물로 25년이나 된 신발이다. 이 신발 속에는 세월이 흘러도 나이를 먹지 않는 내가 있다. 막 연애를 시작한 풋사과 같은 상큼함이 들어 있고, 전화 목소리만 들어도 가슴이 콩닥거리던 시절이 있다. 그를 향해 언제라도 달려갈 준비가 되어 있는 신발은 두근거리는 가슴으로 늘 대기 중이었다. 남자가 여자에게 신발을 선물하면 여자가 그 신발을 신고 도망을 가버린다는 속설을 뒤집고 이 부츠를 사준 남자와 알콩달콩 잘살고 있다.

그가 하는 말이 폭죽처럼 터져 내 가슴에 별들로 떨어져 내리던 연애 시절, 새 부츠는 늘 또각또각 경쾌한 소리를 냈다. 그를 향해 문을 활짝 연 심장은 행복과 환희가 넘쳐났다. '새 신발인데 발가락이 좀 아프면 어때. 뒤꿈치에 잡히는 물집쯤이야, 새것이니까.' 이 정도의 불편쯤이야 아무런 문제가 되지 않았다. 신발을 벗어놓으면 사람들에게 밟히지 않을까, 잃어버리지 않을까, 눈에 잘 띄지 않는 곳으로 잘 모셔두었다. 그래도 다시 신을 때까지 마음이 놓이지 않아 온 신경이 그곳으로 갔다.

　늘 새 신발을 신었을 때와 같은 나날이었으면 오죽 좋겠는가. 아이가 하나둘 태어나고, 오늘도 어제 같고 내일도 오늘 같을 수밖에 없는 일상이 지속됐다. 그와 불협화음이 일 때면 부츠 바닥에서 질질 끌리는 소리가 났다. 새 신발의 불편을 감수했던 인내는 어디 가고 밴댕이 소갈딱지가 되어 가슴에 꽁꽁 빗장을 걸었다. 환상이 깨진 날부터 그와 나는 조율의 시간이 필요했다. 어긋난 톱니바퀴의 덜커덕거리는 소리를 잠재우는 데는 서로의 따뜻한 마음이 묘약이었다.

　한때 위험수위까지 간 적도 있었다. 그가 신겨주는 신발을 신고, 그의 울타리 안에서도 나의 안뜰은 향기로웠지만, 아이들이 어느 정도 커가자 바깥뜰로 내 생활의 폭이 넓어졌다. 밖의 햇살이 너무 강렬하고 아름다워 현혹될 것 같았다. 그는 어느 때나 내게 잘 맞는 맞춤형 신발인 줄 알았다. 욕심을 부려 이것저것 폭을 넓혀나가자 신발은 나를 옥죄어 왔다. 가슴에 멍울이 생기고 상처엔 고름이 터질 듯했다. 그럴 때는 신고 있는 신발을 벗어버리고 싶은 충동까지 일었다.

　나의 이런 생각이 부질없는 망상이라는 것을 깨닫는 데는 그리 오랜 시간이 걸리지 않았다. 우리 가정의 울타리를 더 튼튼히 다지기 위한 그의 마음을 왜 모르겠는가. 나 역시 사랑하는 가족이 그 무엇보다도 먼저다. 밖으로 향하던 시선을 남편과 아이들에게 되돌리면서 나만의 욕심을 조금씩 내려놓았다. 그의 따사로운 눈빛이 내 어깨에 햇살처럼 쏟아졌다. 신발은 느슨해지고 원래의 편안한 상태로 나를 끌어안았다. 그가 내준 안뜰에서 누리는 행복이 새삼스레 고마웠다. 어린 날 아버지가 사서 신겨주시던 신발만큼이나 편하고 포근했다.

장날, 시장에 가신 아버지가 노란 운동화를 사오셨다. 디자인이 그 당시 최고 인기였던 N상표랑 유사해 짝퉁이라도 보는 순간 맘에 들었다. 냉큼 신발을 신어보고는 인상이 찡그려졌다. 지난번 신발을 살 때보다 내가 얼마나 컸는지 아버지께서는 가늠을 못하셨던 것 같다. 꽉 끼어 발가락이 좀 아팠지만, 엄지발가락을 살짝 꼬부렸다. 맘에 드는 신발을 놓치기 싫었다. 아프다고 했으면 아버지께서는 다음 장날에 바꾸러 가셨을 것이 분명했기 때문이다.

맞지 않는 신발을 신은 나는 그날부터 고역을 치러야 했다. 걸음걸이도 부자연스럽고 세게 디디면 발가락이 신발 밖으로 튀어나올 것 같았다. 결국에는 뒤축을 꺾어 신고 다니다 아버지께 들통 나서 지청구를 들어야만 했다. '키는 더디 크면서 발은 왜 이리 빨리 커가는지.' 얼마 신지도 못하고 나는 그 신발에 대한 미련을 버려야 했다. 맞지 않는 신발을 고집하다가 된통 당한 경험은 그 이후로 신발을 살 때마다 그때의 고통스러운 기억을 떠올리게 했다. 하지만 아버지의 그 포근한 마음만큼은 지금도 큰 울림으로 남아 있다.

걸음을 떼기 시작할 때부터 지금까지 수십 켤레의 신발이 내게 왔다가 갔다. 인생의 반환점인 나이에 들어서고 보니 내가 상처 나게 한 신발, 화풀이의 대상이 된 신발, 묵묵히 나를 지켜봐준 신발들을 되새기게 된다. 지금껏 살아오면서 누군가의 신발이 되기보다 내가 필요한 신발만 골라 신어온 게 아닌지. 이제는 나를 위한 신발보다 누군가에게 편한 신발이 되어주어야 할 때가 아닐까.

오래된 신발을 정성 들여 닦는다. 밑창이 닳았지만 수선하면 새 것이나 마찬가지다. 반짝반짝 광이 나는 신발을 현관에 가지런히 놓아둔다. 한 사람을 오래도록 지켜준 믿음과 신뢰가 녹아 있는 버팀목이 된 신발이다. 앞으로 50년, 아니 100년은 너끈히 신을 수 있을 것 같다.

배설의 기쁨

하현달이 걱정스러운 얼굴로 6인 병실의 창문을 들여다보고 있습니다. 엄마는 어젯밤부터 똥마려운 강아지처럼 어쩔 줄 몰라 했습니다. 의사의 처방대로 관장약을 드셨지만, 시원하게 해결하지 못했습니다. 오늘만 해도 화장실을 수없이 드나들었습니다.

엄마는 뇌출혈로 쓰러져 오른쪽 수족을 제대로 쓸 수 없는 중증 환자입니다. 그런데도 초저녁부터 병실에 딸린 화장실은 마다하고, 복도 끝 공동화장실을 고집했습니다. 기저귀를 채워놓았지만, 엄마는 결코 그곳에 볼일을 보는 일이 없습니다. 링거줄이 주렁주렁 달린 몸을 침대에서 휠체어에 일으키고 앉히는 것도, 요령이 없으면 결코 쉬운 일이 아닙니다.

얼키설키 꼬인 링거줄들이 엄마의 엉킨 삶을 대변해주는 것 같습니다. 엄마는 녹록찮은 삶을 살아오셨습니다. 스물세 살에 외아들인 아버지께 시집을 와서 홀시어머니의 혹독한 시집살이를 견

더 내셨습니다. 할머니께서 가당찮은 역정을 낼 때면, 어린 나이에 '할머니가 어서 돌아가셨으면 좋겠다.'라고 못된 생각까지 했습니다. 2남 3녀를 둔 엄마는 자식들 뒷바라지로 자신을 위한 시간은 꿈에서조차 생각지 못했을 겁니다. 자식들 출가시키고도 손주들 거두느라 흔히들 다니는, 봄나들이도 제대로 한번 나선 적이 없습니다.

신혼부터 부모님과 함께 사는 오빠 내외는 맞벌이 부부입니다. 대가족 살림살이와 손주들 육아까지 엄마의 몫이 되었습니다. 힘이 들어도 손주들 커가는 재미로 살아오셨지만, 연세가 드실수록 힘에 부쳤을 겁니다. 얼마 전부터 친정에 가면 "이제 끼니때가 되는 게 겁난다."라고 입버릇처럼 말씀하셨습니다. 그리고 얼마 지나지 않아 덜컥 쓰러지신 것입니다. 나 살아가기 바쁘다는 핑계 아닌 핑계로 엄마를 외면한 못난 딸이었습니다.

엄마는 당신의 몸이 좋지 않다는 것을 미리 짐작하셨던 겁니다. 하지만 자식들에게 걱정 끼치지 않으려고, 말 한마디 못하고 속으로만 끙끙 앓아 오신 게 분명합니다. 엄마 연배의 어른들은 누구나 이렇게 살아가신다고들 말하지만, 자식 된 도리로 이런 무책임한 말을 해서는 안 된다고 봅니다. 어쩌면 부모님 세대의 조건 없는 희생을 자식들은 은연중에 당연한 일이라고 여겼을지도 모를 일입니다.

마침, 엄마의 병간호 당번으로 막내딸인 제가 정해진 게 다행이라고 해야 할까요. 엄마가 예전부터 변비로 고생하신 것을 익히 알고 있었습니다. 딴에는 변비에 좋은 약이나 식품을 사다 나르기도 했습니다. 한번은 일명 '똥약'이라는 알로에 성분의 식품을 사다드렸는데, 아주 효과가 좋았나봅니다. "복희가 날 살렸네."라며 기뻐하신 적이 있습니다. 살아오면서 제 주변에 배설을 제대로 하지 못해 우여곡절을 겪은 일이 많았습니다.

　초보 엄마 때 배를 움켜쥐고 울기만 하는 아이를 둘러업고 응급실로 달려간 적이 있습니다. 엑스레이 결과상 대장에 동글동글한 똥이 가득 차 있었답니다. 의사의 조치로 관장을 하고 나니까, 아이가 금방 멀쩡해졌습니다. 또, 시아버지께서 간암으로 투병 중에 변을 제대로 보지 못해 병실에서 난동이 일어난 적이 있습니다. 시아버지 몸속에 암모니아가 가득 차 눈에 뵈는 게 아무것도 없는 듯 난폭해졌습니다. 결국은 침대에 양팔 양다리를 꽁꽁 묶어놓은 사태까지 벌어졌던 일이 생생합니다.

　인간의 3대 욕구가 식욕, 수면욕, 성욕이라고 합니다. 잘 먹고 잘 자는 것도 중요하지만, 잘 싸는 것이 얼마나 중요한 일입니까. 화장실에 몇 번이나 드나들어도 지독한 체증처럼 막힌, 엄마의 항문을 해결하는 게 큰 숙제였습니다. 뾰족한 수가 없어 막막하던 차에 우연히 인터넷을 검색하다가 무릎을 '탁!', 묘책을 발견했습니다.

어찌 이런 방법을 깨닫지 못하고 엄마를 힘들게 했단 말일까요. 휠체어에 엄마를 앉히고 무조건 공중화장실로 향했습니다.

"여기 비데기 있는 변기에 앉아 봐요. 엄마!"

허리끈을 풀자 주르르 엄마의 환자복이 흘러내렸습니다. 그 속에 꽃무늬 팬티가 수줍게 피어 있었습니다. 엄마는 꽃무늬 팬티를 양손으로 움켜쥐고 놓지 않았습니다. 몇 번이나 실랑이 끝에 고무줄이 늘어진 팬티를 내렸습니다. 거웃이 듬성듬성한 그곳을 엄마는 검버섯이 핀 거무스름한 손으로 공손하게 가렸습니다.

"엄마, 똥꼬 막히면 큰일 나요. 여기 앉아 보세요."

비데가 달린 변기에 엄마를 어린아이 달래듯 사정사정해서 앉혔습니다. 팔을 둥둥 걷고 엄마 앞에 쪼그리고 앉았습니다. 엉거주춤하게 앉은 엄마 항문으로 비데기 물살이 물총을 쏘아댔습니다. 검지를 신의 한 수인 양 치켜세우고 물길이 터준 길을 더듬더듬 따라갔습니다. 느슨하게 열린 엄마의 항문 속에 딱딱한 게 잡혔습니다. 뱉지 못한 속말들이 돌처럼 굳어 항문을 막아버린 걸까요. 검지를 갈고리 모양으로 오므리고 소중한 그곳을 살살 달랬습니다. 딱딱하게 닿는 엄마 몸속의 돌, 그 돌을 손가락 끝으로 파내기 시작했습니다. 해변에 구르는 몽돌처럼 동글동글한 똥이 변기 속으로 굴렀습니다.

"엄마!, 힘 좀 줘보세요. 더, 더, 더…."

막혔던 돌들을 거둬내자 엄마는 봇물 터지듯 시원하게 근심을 쏟아내셨습니다.

며칠 시름없던 엄마의 얼굴이 먹구름이 걷힌 듯 말갛게 돌아왔습니다. 세상에서 가장 가벼운 몸을 휠체어에 앉히고, 가장 무거운 발걸음으로 터덜터덜 병실 복도를 걸었습니다. 복도 창가까지 따라온 하현달이 느릿느릿 이울고 있습니다.

그날 밤, 엄마 병상 밑 보조의자에서 저의 새우잠은 심해로 들지 못했습니다.

티눈

스물다섯 해를 하루같이 항해해 온 남자가 있다. 퍼런 칼날 같은 파고에 더 풀어낼 수 없는 목줄을 걸어왔다. 높고 낮은 파도가 이제 이골이 날 법도 한데 남자의 눈빛은 먹이를 앞에 둔 맹호의 눈빛이다. 은빛 갈치를 당겨낼 때면 그 남자 눈앞에 가장 먼저 어른거리는 것은 티눈, 그것은 곧 여자에게 저릿한 통증으로 다가온다.

한 여자와 한 남자는 25년 전 솜털같이 포실한 꿈을 안고 출항의 닻을 올렸다. 무지갯빛 돛을 휘날리며 더 넓은 바다로 미끄러지듯 나아갔다. 잔잔한 바다 위로 두 사람이 탄 배는 늘 낙원으로만 향할 듯 남실남실 파도를 잘도 넘었다. 부푼 가슴은 기대와 설렘으로 애드벌룬처럼 두둥실 떠올랐다. 앞으로 다가올 거센 풍랑과 시시때때로 몰아칠 악천후가 들이닥칠 거라고는 생각지도 않았다.

여자는 남자가 만들어준 보금자리만큼 안락한 곳은 없다고 여겼다. 늘 새로운 페로몬 향으로 자신을 이끌어줄 줄 알았다. 차츰 싱그럽던 야생의 시절은 시나브로 지나갔다. 새로운 꽃을 피우는 일로 긍긍하던 남자의 혀끝은 점점 니코틴으로 굳어갔다. 담배 연기를 들이마시며 깊은 고뇌를 해야 하는 일들도 많았을 것이다. 남자가 배를 모는 일에만 마음을 쏟을 뿐, 함께 항해하는 그녀에게 소홀하다고 느껴질 때는 서운한 마음마저 들었다. 그런데도 여자는 남자의 그늘에서 누리는 안뜰이 세상에서 제일 좋았다. 여자를 바라보는 그윽한 눈빛이 변함없는 것을 보면, 틀림없이 자신만을 사랑한다고 믿어 왔다.

남자는 가족의 행복을 지키는 일등항해사요, 선장이었다. 언제 수평선 쪽에서 밀려온 파도가 배를 덮어버릴지도 모를 위험에 대비하는 준비성도 치밀했다. 아이가 하나둘 태어날 때마다 좁아지는 배를 억척스럽게 넓혀나갔다. 무리해서라도 큰 배를 장만하고 여자와 아이들의 편안한 안식처를 마련하느라 안간힘을 썼다. 쉽사리 지치지 않을 것 같은 남자는 세월 앞에 조금씩 무너져갔다. 머리숱은 듬성듬성해지고 검은 머리에는 하얀 이슬이 앉았다. 그은 얼굴에 밭고랑 같은 주름이 패었고, 돌이끼 같은 검버섯도 생겼다. 투박해진 손에 굳은살이 박이고, 발바닥에는 티눈이 깊이 자리 잡았다. 그래도 남자는 뱃전에서 그물을 팽팽하게 당겨낼 때마다 발바닥의 티눈이 든든한 버팀목이라 여겼다.
 남자가 짊어진 선장의 막중한 의무를 그는 풀었다 당기는 낚싯줄같이 능수능란하게 반복했다. 파도 터번 두른 뱃머리는 끄덕대도 능청스런 물살은 고개를 살래살래 흔들어댔다. 세 아이에게 풀어놓은 주머니는 언제나 바닥이고 먼지만 풀풀 날렸다. 졸라맨 살림살이에 숨통이 터지지 않을 때면 남자와 여자는 밤마다 울렁증을 앓았다. 울렁증이 자극한 눈물샘으로 이부자리는 자주 흥건히 젖었다. 남자의 도드라지게 튀어나온 티눈은 성가시고 불편할 때가 많았다.
 유리창을 비집고 들어온 햇살 아래 장작더미 같이 웅크린 남자가 무엇에 열중이다. 면도날을 들고 발바닥 티눈의 각질을 한 겹 한 겹 벗겨내고 있다. 수술을 집도하는 의사의 손길같이 신중하다. 허연 껍질을 도려낼 때마다 여자는 자신의 심장을 후벼 파는 것처럼 뜨끔거렸다. '차라리 내 발바닥에 티눈이 생길 일이지.' 여자는 멀쩡한 자신의 발바닥이 원망스러웠다.
 어느 날 여자 손에 이끌려 남자는 뿌리 깊게 박혀 있던 발바닥의 티눈을 제거하는 수술을 했다. 남자는 생살을 도려내고 지진 자리에서 비릿한 개펄 냄새가 난다고 했다. 울컥울컥 발바닥에서 밤새 검붉은 토악질을 해댔다. 늑골까지 물려오는 찌릿한 통증 속에서도 현실감은 도무지 찾을 수 없는 여자를, 눈꺼풀 위의 이상만

쫓는 여자를 그 남자는 제 살점 먹여 진주처럼 키운 거였다.

  종일 기우뚱거렸을 항해에서 절뚝절뚝 귀가한 남자의 발아래 납작 엎드린 여자가 정성껏 무색의 에탄올을 발라주고 있다. 제 살점이 뜯긴 것보다 더 아프게 여자는 가슴이 아렸다. 남자가 드리운 그늘을 감고 살면서 그늘이 좁다고 남자 탓만 해온 자신을 질책했다. 함께한 항해에 조수역이라도, 말단 선원역이라도 해야 했었는데 당연히 그늘을 만드는 것은 남자의 몫이라 여기며 살아왔다. 그의 어깨를 누르고 있는 삶의 무게를 백지장만큼이라도 덜어주지 못한 지난날을 돌아봤다.

  가정이라는 맛깔스러운 대차대조표를 위해 남자는 차변과 대변이 삐걱거릴 때마다 발바닥이 아렸다. 먹구름 낀 현실 앞에 철퍼덕 주저앉다가도 여자와 아이들의 웃음소리에 정신이 번쩍 들었다. 잠시 비켜 앉아 한눈을 팔다가도 여자와 아이들을 떠올리면, 불끈 힘이 솟구쳐 또다시 노를 저어 나아갔다. 남자에게 가족은 망망대해를 헤쳐 나가는 힘의 원동력이었다.

  남자와 여자가 출항한 날부터 반 50년이 되는 날이다. 사람들은 은혼식의 날이라고 한다. 은처럼 순백으로 빛나는 날이란 말인가. 맑게 갠 날, 흐리고 비바람 친 날, 높은 파도에 시달린 숱한 날들을 잘 헤쳐 왔다. 낡고 비릿한 냄새를 풍기는 선체 위에 색 바랜 돛이 바람에 몸을 맡긴 채 펄럭인다. 아직도 먼 바다로 너끈히 항해할 수 있는 남자가 있어 여자는 든든하다. 어깨를 맞댄 두 사람은 뱃머리에 올라서서 붉게 물든 서쪽 하늘을 바라본다. 주름진 두 얼굴에 노을이 얼비쳐 발그레 물들고 있다.

내가 모르는 나

그녀를 배웅하기 위해 이곳에 왔다. 화사하게 웃고 있는 그녀의 영정 위로 나비 한 마리가 날아간다. 그녀가 왜, 지금 여기에 있어야 하는지 납득이 가지 않는다. 바로 학부모 모임 날, 그녀는 모임 장소가 아닌 장례식장에 안치되어 있다.

치매라고 하면 노인들이나 걸리는 병으로 여겨왔다. 드라마「천일의 약속」에서 배우의 애절한 연기를 본 적이 있다. 노인성 치매의 일종인 알츠하이머병을 앓는 주인공의 삶에 눈시울을 적시지 않고는 볼 수가 없었다. 사회생활을 정상적으로 해오던 사십 대 후반의 그녀도 점차 일상생활 능력을 상실해 갔다. 젊은 층에서 이 병이 발병하면 악화 속도가 노인보다 빠르다더니, 그녀도 한 달에 한 번 볼 때마다 급격히 변해 갔다. 모두가 속으로는 안타까워하면서도 겉으로는 예전과 같이 대하려고 애를 썼다.

고장 난 형광등같이 깜빡하는 병은 내게도 있다. 자동차 키를 손에 들고도 어디에 있는지 찾기도 하고, 냉장고 문을 열고도 무엇이 필요해서 열었는지 모를 때도 많다. 때론 대화 도중에 낱말이 생각이 나지 않아 "그 있잖아, 뭐더라, 뭐더라." 몇 번이고 다른 말만 하곤 한다. 이러다가 더 나이 들면 속옷에 이름과 주소를 수놓아 입고 다녀야겠다고 우스갯소리도 해왔다. 이런 증세들을 건망증이라고들 하지만, 장기간 이런 상태가 계속된다면 알츠하이머도 의심해 볼 일이다.

알츠하이머병의 원인은 아직 정확하게 밝혀지지 않고 있지만, 노화가 이 병의 가장 큰 원인으로 꼽히고 있고, 일부 유전적인 원인에 의해 발병하게 된다고 한다. 초기에는 증상 자체가 모호하기 때문에 이상을 크게 느끼지 못하고 그냥 지나치기 쉽단다. 그녀도 발병을 뒤늦게 알았다고 한다. 언행이 좀 이상했지만, 가족들까지도 처음에는 그냥 대수롭지 않게 스트레스로 인한 가벼운 건망증으로 여겼다는 것이다.

그녀가 알츠하이머병으로 진단을 받았을 때는 벌써 많이 진행된 상태였다. 점점 기억장애가 심해져 같은 질문을 반복하거나, 대화 도중 주제를 잊고 얼버무렸다. 우리에게 드러내지 않았지만, 대인기피증과 심한 우울증을 앓았다. 그러면서도 염려하는 말을 하면 "나, 하나도 아프지 않아요."라고 단호하게 말했다. 주변 사람들은 이미 다 알고 있는데도 그녀는 아무도 몰라주길 바라는 것 같았다. 이 병은 가속이 붙어 그녀를 마구 갉아먹었다. 그럴수록 그녀는 스스로가 유리되어 자신의 세계에 갇혀 지냈다.

젊은 사람이 감당하기에는 너무 혹독한 형벌이었다. 그래서인지 우울증으로 인해 이렇게 살아봐야 무얼 할 것이며, 완치된다는 보장도 없으니 스스로가 결단을 내리는 경우가 많다고 한다. 그녀도 자신이 사는 아파트에서 스스로 몸을 던지고야 말았다. 이렇게 극단적인 선택을 할 수밖에 없었던 그녀의 심정을 헤아릴 수 없지만 참으로 안타까운 일이었다. 자녀들 다 키워놓고 이제 제3의 인생을 즐길 나이였는데, 허무한 것을 어찌 말로 다 표현하겠는가.

뇌 속에 내가 모르는 내가 하나 더 있다고, 나의 뇌를 다른 그 무엇에게 조정 당한다고 가정해 보자. 내가 무슨 짓을 했는지, 무슨 말을 했는지, 어떤 곳에 갔었는지, 이 모든 것을 새까맣게 모르는 나. 그러다가 나 자신으로 돌아왔을 때의 그 괴리감. 다른 사람은 다 아는데 나만 모르는 그 무엇. 이 세상에 홀로 동떨어진 느낌…. 차라리 완전히 나를 잊어버린다면 괴로워 허덕이지는 않을 텐데, 어찌 미치지 않고서 견뎌낼 수 있을까.

그녀와의 만남을 돌이켜 보자면 12년을 거슬러 올라가야 한다. 딸아이 초등 2학년 때의 학부모 모임이었다. 누구 하나 도드라지는 사람도 없이 두루뭉술하게 아이들 커가는 이야기, 돌아가는 집안 이야기 등 궁금한 것을 서로 묻고 알려 주는 자리였다. 모임 날 함께하는 자리에서 그동안 쌓인 이야기를 한 보따리 풀어놓고 나면 속이 다 시원했다. 그중에 한 사람인 그녀는 내가 아는 한 늘 적극적이고 활달했다. 하지만 그녀는 자신의 속사정을 가둬두고 사는 듯했다. 워낙 완벽한 성격이라 그러려니 여겼다.

한 달 전, 그녀가 마지막 모임에 참석했을 때가 생각난다. 한 학부모가 아파트 현관까지 가서 그녀를 모셔왔다. 집에서 떨어진 낯선 곳에 오니 불안했는지 휴대폰을 손에서 놓지 않았다. 아들의 전화번호가 단축으로 되어 있는가 보았다. 전화를 걸고 또, 걸고 걸었다. 우리가 안심을 시키고 집으로 갈 때 모셔다드릴 것이니 걱정하지 말라고 여러 번 일렀다. 그래도 안심이 되지 않아 전화로 아들만 찾았다. 인제 와서 생각하니 아들과 연결된 끈을 놓고 싶지 않은 그녀의 마지막 몸부림이었던 것 같다.

헤어질 때 내가 준 수필 동인지를 가슴에 꼭 끌어안고 가는 그녀가 내내 눈에 아른거린다. 동인지를 읽고 나서는 문자나 전화로 좋은 글 잘 읽었다며 격려의 말을 빠뜨리지 않고 해줬었다. 그러나 그녀와 마지막 만남 이후로 끝끝내 내게 문자도 전화도 없었다. 그녀의 전화번호가 아직도 내 휴대폰에 남아 있다. 내 기억 속에 그녀가 지워지지 않는 한 그 번호는 연락처 목록에 그대로 있을 것이다. 할 수만 있다면 그녀에게 잘 있느냐고, 이제 편안하냐며 통화라도 하고 싶다.

병은 소문을 내야 빨리 낫는다고 하지 않던가. 대개 주변의 사람들에게 알려질까 봐 환자뿐만 아니라 가족들도 숨기려고만 든다. 어쩌면 다른 사람들이 알게 될까 봐 전전긍긍하는 스트레스가 병을 더 덧나게 했을지도 모른다. 자존심 강하고 완벽주의인 그녀는 마지막 순간까지도 가장 친한 친구에게조차 마음을 털어놓지 못하고 떠났다. 마지막까지 지켜야 했던 자존심이 그녀에게 무슨 의미가 있었을까. 서로의 속앓이를 편하게 얘기할 사람이 있는지 나 자신에게 물어볼 일이다.

그녀의 영정 앞에 머리를 조아린다. 함께 온 학부모들의 흐느낌에 소름이 돋고 한기마저 든다. 언제 내게도 이런 병이 들이닥칠지 모를 일이지 않은가. 남의 일이 아닌 것 같아도 별 방법이 없다는 생각이 앞선다. 너무 젊고 화사해서 더 애절한 그녀의 영정을 본다. 내 얼굴이 그녀의 얼굴과 두 겹 세 겹 오버랩 된다. 하늘 소풍을 떠나는 그녀에게 그리운 마음 한 자락 곱게 접어서 보낸다.

2부

도대체 어떤 맛일까

껌의 독백

　나는 지금 가마솥 갱엿처럼 보도블록 위에 꺼멓게 들러붙어 있습니다. 입속의 혀처럼 머물 때가 나의 전성기였지요. 쩍쩍 씹히기만 하다가 펑 터질지라도 풍선이 되는 순간이 마냥 좋았습니다. 납작 엎드린 채 행인의 구둣발에 짓밟혀도 찍소리 못하는 신세가 될 줄 누가 알았겠어요. 보도블록 사이에 뿌리내린 질경이의 질긴 목숨이 한없이 부럽습니다.
　한때 '껌 좀 씹었다'라는 말이 있는데 이것은 '놀 만큼 놀았다'라는 뜻의 은유지요. 짝다리 자세로 건들거리는 이의 입속에 들어 질겅질겅 씹어 돌려질 땐, 겁 없이 무게 잡는 것들의 앞잡이였답니다. 종횡무진 치아 사이를 누비며 딱딱 소리로 흥얼거릴 때는 내 세상이라도 된 듯했지요. 때로는 이와 잇몸 사이에 숨죽여 있기도 했지만, 입속의 전생과 후생의 내막을 나보다 잘 아는 놈 있으면 나와 보라지요.

그녀가 단발머리 계집애 적에는 내가 귀하디귀했습니다. 뭔가를 입에 넣고 씹는 것을 좋아한 그녀는 언니 오빠들이 하는 것을 따라 했지요. 수분이 채 마르기 전, 풋 밀을 뽑아 밀 이삭을 손바닥에 올려놓고 동글동글 비볐답니다. 껍질을 훅 불고 나면 푸른 알갱이들만 남았지요. 이것을 꼭꼭 씹다 보면 달콤한 맛은 사라지고 눅진한 껌이 되어갔습니다. 끈기가 덜해 풍선을 불기 어려웠지만, 입안에 씹을 거리가 있는 것만으로도 즐거웠답니다.

밀에 함유된 글루텐 성분 때문에 천연 밀껌이 만들어졌다는 것을 그녀도 어른이 되어서야 알게 되었지요. 누렇게 밀이 익어가는 6월이면 밀껌을 만들어 씹던 어린 기억을 들춰내며 빙그레 미소 짓는 그녀를 보곤 했습니다. 주전부리가 귀하던 시절, 흔히 재배되던 밀이 그 시기에 군것질거리의 대용이었지요. 밀껌을 만들어 씹으며 허기를 달랬을 겁니다. 밀밭에 쪼그리고 앉아 풋내 나는 밀 한 줌 입안에 털어 넣고, 조잘대던 고만고만한 계집아이들은 다 어디에서 무엇을 할까요.

소화기관을 약하게 타고난 그녀는 나를 씹으면 소화가 잘된다고 여겼습니다. 식사 후나 입안이 개운하지 않을 때마다 나를 입에 넣고 오물오물 씹었지요. 나로 인해 곤욕을 겪은 적도 더러 있었답니다. 학창 시절 교련 시간이었지요. 씹은 지 얼마 되지 않은 나를 버리기 아까워 잇몸 사이에 끼워뒀다가 무의식적으로 오물거렸습니다. 호랑이로 소문난 교련 선생님께 덜컥, 걸렸지 뭐예요. 그날 벌칙으로 운동장을 몇 바퀴나 돌림을 당했는지 기억하기도 싫을 겁니다. 종아리에 알이 밴 그녀가 끙끙거릴 때마다 미안한 마음을 어찌 표현할 수 없어 속만 애태웠답니다.

그녀의 가방 속엔 내가 빠진 적이 없었지요. L제과에서 3종 세트 껌이 유행할 시기에 그녀는 새콤달콤한 주스 맛만을 고집했답니다. 한꺼번에 한 개를 다 씹기가 아까워 반으로 갈라 반만 씹었지요. 입 안 가득 향긋한 냄새를 머물고는 흥얼흥얼 콧노래도 불렀어요. 딱딱 소리를 내가며 씹거나, 앞니 사이에 나를 펼쳐두고 톡톡 터트리는 재미도 쏠쏠했나 봅니다. 잠시나마 그녀에게 기쁨을 줄 수 있는 것만으로도 행복했답니다.

그녀의 나에 대한 취향은 다양도 합니다. 운전 중 졸음이 오거나, 나른한 오후에는 정신을 맑게 해준다고 박하 향을 즐겼어요. 아카시아꽃이 필 때는 아카시아 향을 고집하다가, 한때는 커피 향을 풍기는 내게 푹 빠지기도 했지요. 요즘은 충치 예방에 탁월한 효능이 있다고 자일리톨이 함유된 나를 즐겨 찾습니다. 나를 씹으면 두뇌 활성과 기억력 향상되고, 치매 예방과 스트레스 해소에 좋다고 하더라고요. 내 인기가 한창 상승세라니 어깨가 우쭐해집니다.

종합검진을 받고 나온 그녀가 우울해 보입니다. 검사 결과 치아가 많이 닳았고 한쪽으로만 씹어서 턱이 비대칭이라네요. 턱관절도 좋지 않다고 크게 하품을 하거나 쌈을 크게 싸서 먹지 말라고 했답니다. 밤에 잘 때도 너무 치아를 꽉 깨물고 자는 버릇 때문에 턱관절에도 이상이 있다고 하네요. 마우스피스를 끼고 자라는 의사의 처방을 받았대요. 오랜 세월 나를 너무 사랑해서일까요. 괜히 죄인이 된 듯 미안한 마음이 듭니다. 내가 몸에 좋다고들 하지만 십여 분 정도만 씹는 것을 권해요. 나를 오래 씹으면 사각 턱이 된다고 하던데, 내 보기엔 그녀의 턱은 갸름하기만 하니 천만다행입니다.

아주 싼값의 물건이나 보잘것없이 적은 돈일 때 흔히 '껌값이네!'라고 표현하지요. 쓸데없는 소리를 빗대어 말할 때는 '껌 씹는 소리'라고도 하지요. 내가 하찮은 이미지의 대명사로 되고 있는데, 가만히 있는 나를 왜 들먹거리는지 알다가도 모를 일입니다. 위대한 '껌값'도 있답니다. 박지성 축구 선수가 뛰었던 맨체스터 유나이티드의 명장 알렉스 퍼거슨 감독이 은퇴 전 씹던 껌의 이야기를 들어보셨나요? 그가 씹던 껌이 무려 6억 6천여만 원에 낙찰되어 화제가 된 적이 있지요. 나를 우습게보지 마세요. 외적인 가치만 따지고 진짜 소중한 것은 지나치지 않았나, 되돌아봤으면 해요.

오래전 씹던 나를 벽이나 장롱에 붙여놓던 시절이 있었지요. 먼저 차지하는 사람이 임자라는 말은 별도로 남기지 않았답니다. 다시 나를 찾았을 때 사라진 것을 알고, 그 허탈감을 맛보고 자란 그녀의 유년을 요즘 세대들은 알까요 모를까요. 네 것 내 것 따로 없는 오누이의 입속이 그립습니다.
 달궈진 아스팔트만큼이나 제가 누워 있는 보도블록도 뜨겁습니다. 한 무리의 아주머니들이 우리만큼이나 바닥에 몸을 붙인 채 내게 다가오고 있네요. 이젠 정말로 마지막인가 봅니다. 절대 떨어질 것 같지 않던 내 몸이 주걱 칼에 무참히 뜯겼습니다. 거리의 흉물로 눈총 받는 신세로 남아 있느니 차라리 후련합니다. 다만 단물만 빨아먹고, 먹었던 입으로 다시 퉤! 뱉는 요즘 영악한 입들이 밉살스러울 뿐입니다.

도대체 어떤 맛일까

　간판도 없는 허름한 대폿집 탁자 위의 찌그러진 주전자를 본다. 온갖 세상 풍파를 다 견뎌온 중년 촌부의 펑퍼짐한 엉덩짝 모습이다. 저 둔부를 힐끔거렸을 뭇 남정네의 번뜩거리는 눈초리가 느껴진다. 주정뱅이에서 망나니는 물론이고, 때로는 혼자 술잔을 기울이는 길손의 마음마저 읽어주느라 속깨나 태웠겠다. 울퉁불퉁 걸어온 길에 삶의 애환이 서려 있어 더 애착이 간다.
　주전자 옆구리에 붙은 물음표 모양의 주둥이에 눈길이 멎는다. 저 물음표 속에 어떤 의문이 들어 있을까. 어린 날 호기심이 발동해 주둥이의 유혹을 뿌리치지 못한 까닭도 주전자에 물음표처럼 달려 있다. 난생처음 맛보는 술맛에 단발머리 계집애는 개맹이가 풀어져, 몸과 정신이 분리되는 현상을 일찍이 경험하게 되었다고나 할까. 지금도 왜 그렇게 앙큼한 행동을 했는지 모르겠다.
　유년 시절, 할머니는 아랫목에 놓인 큼지막한 술독을 신줏단지 모시듯 했다. 그 독 속에는 누룩과 지에밥의 절묘한 만남으로 막걸리가 만들어지고 있었다. 다섯 남매가 옹기종기 이불 밑으로 발을 모으고 이야기꽃 피울 자리를 술독에 빼앗겼다. 홑이불까지 씌워둔 독 속에서 밑술이 보글거리는 소리와 톡톡 거품 터지는 소리가 희미하게 들렸다. 할머니는 술독에 성냥불을 넣어 술이 제대로 발효되고 있는지 저녁마다 확인하셨다. 며칠 지나지 않아 아랫목을 독차지한 독에서 풍기는 술 익는 냄새로 방안이 통째로 술독이 되었다.

  시큼털털한 냄새에 익숙해질 무렵이면 할머니는 술을 걸렀다. 체에 광목을 깔고 술독 속의 걸쭉한 것들을 곰비임비 퍼내어 마지막 한 방울까지 걸러내셨다. 광목에 묻은 것까지 알뜰하게도 눌러서 짜내고 남은 술지게미를 먹어보라고 손주들에게 주셨다. 무엇을 첨가했는지 몰라도 달달한 맛에 홀려 우리는 한입씩 입에 넣고 쪽쪽 빨아서 먹었다. 오빠의 얼굴이 홍당무처럼 벌겋게 달아오르는 것을 보았지만, 나는 이상야릇한 맛에 몇 번 입에 대다가 뱉었다. 요즘 부모들이라면 알코올 성분이 든 술지게미를 아이들에게 간식으로 주기나 했을까. 그 당시 우리는 술지게미뿐 아니라, 어떤 거친 음식을 먹어도 아무런 탈 없이 성장해 왔다.

  할머니는 걸러낸 막걸리를 다시 작은 항아리에 옮겨두고 시원한 창고에 보관하셨다. 집안에 귀한 손님이 오시거나 들일 다녀오신 아버지의 곁두리로 내놓으셨다. 나는 아버지 곁에 바투 앉아 뭐 얻어먹을 게 없나 눈독을 들였다. 노란 주전자에 든 누른 막걸리를 사발에 따라 드리고, 아버지께서 말씀하시는 틈을 타 새끼손가락으로 찍어 막걸리 맛을 보곤 했다. 아버지께서 막걸리 한 사발을 단숨에 들이키시고 '캬아' 소리를 낼 때마다 '도대체 어떤 맛일까?' 궁금증이 일었다.

　드디어 단발머리 계집애에게 막걸리에 대한 의구심이 풀릴 기회가 주어졌다. 할머니 심부름으로 주전자에 든 아버지 곁두리를 들고 구불구불 논두렁길을 걸었다. 주전자 속에는 할머니의 정성으로 빚은 막걸리가 들어 있다. 찰방거리는 막걸리가 쏟아질까봐 연신 주전자를 내려다봤다. 조심조심 내딛는 발걸음이 구부러진 논두렁에서 뚝 멈췄다. 태연스레 앞뒤를 휘익 둘러봤다. 머뭇거리는 것도 잠시, 논두렁에 서서 주전자 주둥이에 입을 대고 홀짝 삼켰다. 움찔, 몸서리가 쳐졌다. 목구멍을 적실 정도만 넘긴 탓인지 한 번으로는 왠지 성에 차지 않았다. 서너 발자국을 걸어가다가 또다시 주전자 주둥이를 입에 갖다 댔다. 이번에는 눈을 질끈 감고 훅 들이켰다.

　난생처음으로 마셔보는 술맛이었다. 냄새로만 맛봤던 막걸리가 주전자 주둥이를 타고 입 안 혀에 감돌자, 단맛과 함께 오묘한 맛들이 달려들었다. 막걸리를 입안에 물고 '뱉을까, 말까?' 잠깐 망설이다가 꿀꺽 삼켜버렸다. 식도를 훑고 내려가는 야릇한 느낌이 오감을 곤추세우는가 싶더니 이내 모든 감각을 잠재워버렸다. 어른들은 어찌 이런 것을 마시며 세상에서 둘도 없는 맛인 양 '캬아'라고 감탄사를 연발하는지 모를 일이었다.

내가 술을 마신 것인지 술이 나를 마신 것인지, 내딛는 발걸음이 흐느적거렸다. 논두렁 사이로 어디론가 가야 할 길이 먼 능구렁이 한 마리가 갈팡질팡하는 것 같았다. 아버지가 계시는 밭으로 가야 할 마음은 급한데 발걸음은 자꾸 뒷걸음질 치고 있었다. 그날, 논두렁길 늦가을이 계집애의 품을 파고든 것인지, 누런 들녘이 달포쯤 삭은 고두밥이 되어 나에게 안겨 있는 것 같았다. 내가 쌀알이 되어 누룩에 뭉개지며 저릿저릿 떨어져 내리는 맛을 담아내는 우묵한 술독이 되고 말았다.

나도 이제 그 앙큼한 짓을 한 계집애의 그때 아버지 연배에 이르렀다. 술인지 물인지조차도 분간할 수 없던 애송이 시절에 경험한 술맛을 이제는 알 수 있다. 제대로 숙성된 막걸리의 맛을 가늠할 수 있는 중년의 여인이 되었다. 볼이 발그레하도록 술기운이 오르면, 처음 마셔본 술맛이 떠올라 복숭앗빛 얼굴이 더욱더 상기된다.

대폿집 탁자 위의 주전자 속 막걸리를 한잔 따른다. 물음표 모양의 주둥이를 통해 미어터지도록 흘러나온 막걸리가 찰방거린다. 두 손으로 받쳐 들고 목구멍으로 넘긴다. 갑갑하게 차올랐던 귀살

쩍은 체중이 술과 함께 사르르 녹아내리는 느낌이다. 술을 못 마시는 체질을 타고났다면 과연 이 맛을 알까. 아마도 내 몸속에 술독을 들여앉혔나 보다. 인생의 반환점인 나이에도 왜, 욕망의 발효는 멈추지 못하는지 자꾸 폭죽처럼 터지려 부글거린다.

라디오 전성시대

　막 잠자리에 들려는데 '딩동' 문자가 왔다. 얼떨결에 핸드폰을 열어보고 깜짝 놀랐다. 조금 전까지 듣고 있던 K라디오의 모 프로그램 방송 작가라고 했다. 평소 라디오 방송을 듣다가 소소한 일상을 사연으로 보내곤 했다. 그런데 좀 전에 내가 보낸 사연으로 '인터뷰를 했으면 한다.'라는 문자였다. 처음에 '뭐, 이런 전화금융사기도 있냐.'고 생각했다. 방송 작가는 밤늦은 시간에 죄송하다는 말과 함께 내일 12시에 전화를 하겠다고 했다. 나는 귀신에 홀린 듯 어리둥절해져서 밤잠을 설쳤다.
　나는 하루의 일과를 라디오로 시작해서 라디오로 끝마친다. 방송국마다 프로그램을 속속들이 꿰고 있다. 온몸을 다 붙들어두는 텔레비전보다 귀만 열어두고 다른 일을 할 수 있는 라디오가 좋다. 라디오를 듣다보면 내가 겪지 못한 숱한 사연들이 간접적인 경험으로 다가온다. 웃다가 울다가 공감의 문자를 보낼 때도 있다. 라디오 청취자들은 다른 사람에게는 말할 수 없는 속상한 일이나 기쁜 일을 구구절절한 사연으로 방송국에 보낸다. 라디오 진행자의 음성으로 전해지는 전국 방방곡곡의 사연들은 내가 겪었거나, 언젠가는 겪게 될 일이기도 하다. 나와 라디오의 인연은 유년으로 거슬러 올라간다.

집안에 라디오를 들인 날, 온 가족이 라디오를 가운데 두고 빙 둘러앉았다. 네모난 상자에서 이상한 남자의 목소리와 여자의 목소리가 들렸다. 주파수가 맞지 않아 자주 찌지직거렸다. 라디오에 달걀귀신이라도 들어 있는 듯 어린 마음은 잔뜩 겁을 집어먹고 움찔움찔했다. 할머니는 라디오 속에 난쟁이가 여러 명 살고 있다고 했다. 신줏단지처럼 선반 위에 고이 모셔 둔 라디오에서 흘러나오는 소리에 웃고 울던 그때 그 시절, 온 가족의 귀는 늘 라디오를 향해 열려 있었다.

라디오를 떠올리면 가을걷이 후 곡식을 차곡차곡 쌓아놓은 곳간처럼 이야기가 넘쳐난다. 방바닥에 엎드려 「이종환의 별이 빛나는 밤에」를 들으며 「쨍하고 해 뜰 날」이나 「종이학」의 가사를 깨알같이 노트에 적던 언니가 생각난다. 라디오에서 흘러나오는 노래에 맞춰가며 기타만 팅기다가 아버지한테 된통 혼난 오빠도 들어 있다. 오빠가 책상 모서리에 기타를 내리찍은 후 더는 집안에서 기타 소리는 들을 수 없었다. 오빠를 염려하는 아버지의 마음만 기타

울림통에서 울리는 듯했다.

　어린 날, 우리 집 대문 밖 아까시나무 그늘에는 동네 아주머니들이 비단 홀치기를 하며 늘 북적댔다. 라디오에서 흘러나오는 이미자나 하춘화의 노래를 따라 부르며, 비단에 새겨진 점들을 빛의 속도로 홀쳤다. 농한기에도 일에서 해방될 수 없는 엄마들의 유일한 숨통이 라디오였다. 흥겨운 뽕짝에 맞춰 엉덩이를 들썩이던 그 시절 동네 엄마들은 모두 어디에서 곤히 잠드셨는지. 당시 알 듯 모를 듯한 엄마들의 시시콜콜한 이야기와 라디오 음향이 뒤섞여 웅웅대던 소리가 지금도 귓전을 어렴풋이 맴돌곤 한다.

　코흘리개였던 시절에는 라디오 성우가 읽어주는 동화를 들으며 상상의 나래를 펼쳤다. 사춘기 시절에는 곡명도 모르는 팝송을 중얼거리며 「두 시의 데이트 김기덕입니다」를 애청했다. 어른이 되어서도 「싱글벙글 쇼」나 「정오의 희망곡」의 고정 애청자로 거듭났다. 때론 「밤을 잊은 그대에게」를 들으며 다시 풋풋한 시절로 돌아가 누구에게도 말 못할 사연을 보내기도 했다. 때론 방송 퀴즈에 참여하고, 운 좋게 채택되어 사은품을 받는 재미도 쏠쏠했다. 이렇게 라디오와 함께한 세월이 반세기가 되어 간다. 텔레비전은 뒤로 한 지 십 수 년이 되다 보니 연속극이나 토크쇼엔 흥미가 없다. 라디오는 나이가 들어갈수록 오래된 소꿉친구처럼 친숙한 사이가 됐다.

　요즘 젊은 세대들은 유튜브를 통해서 자신이 원하는 것만 영상으로 보고 듣는다. 10여 년 전만 해도 우리 집 아이들도 MP3에 좋아하는 음악만 저장해서 들었다. 요즘 젊은 세대들은 앉은 자리에서 휴대폰 하나로 세계 곳곳의 정보를 총망라하는 다차원적인 접근을 한다. 7080세대처럼 고정프로에서 들려주는 이야기에 귀 기울여줄 마음의 여유조차 없다. 모두가 숨 가쁜 세상에서 낙오자가 되지 않으려 치열하게 살아가고 있기 때문이 아닐까.

지금은 천덕꾸러기 라디오가 한때 사치품으로 단속되었던 때도 있었다. 금성사에서 처음 나온 라디오가 쌀 한 가마니 값이었는데도 불티나게 팔렸다고 한다. "뚜·뚜·뚜" 울림과 함께 "정오의 뉴스를 말씀드리겠습니다."라는 아나운서의 구수한 목소리가 귓전을 울린다. 아침 눈뜰 때부터 늦은 밤 잠들 때까지 라디오가 유일한 소식통이었던 시절이 그립다. 라디오가 전해주는 세상 돌아가는 이야기를 들으며 두레반에 둘러앉아 통통 불어 터진 라면을 후루룩거리던 그 시절이.

다음날 12시에 걸려온 전화를 받지 못했다. 부재중 전화가 4통이나 와 있었다. 뒤늦게 방송 작가와 인터뷰를 했다. 작가는 나의 근황을 다 꿰고 있었다. 내가 보낸 사연들이 고스란히 방송국에 저장되어 있었나 보다. 최근 동인지를 출간하는 것과 나의 글쓰기에 대해서 구체적인 질문을 했다. 인터뷰 내내 긴장을 하지 않으려고 물을 마시며 목을 축이기도 했다. 끝나고 나니 두서없이 쓸데없는 말만 늘어놓은 것 같아 아쉬웠다. 방송은 아무나 하는 것이 아니라는 생각마저 들었다.

　라디오 작가와 인터뷰한 내용이 방송되길 기다리며 설레는 마음을 가라앉히기 힘들었다. 친구들에게 라디오를 들어보라고 이야기했는데, 방송을 듣는 내내 낯간지러워 얼굴이 달아올랐다. 나의 사연이 전국적으로 방송되고 있다고 생각하니, 더 재미있고 진솔한 인터뷰를 하지 못한 게 미련으로 남았다. 방송을 들었다고 지인들이 연락을 해왔다. 쑥스러우면서도 괜히 어깨가 들썩여진다. 라디오는 이처럼 내게 떼려야 뗄 수 없는, 애틋하고 소중하고 인연이다. 나의 라디오 전성시대는 언제나 현재진행형이다.

내 사랑 막니

얼마 전부터 왼쪽 막니가 아팠다. 찬물만 삼켜도 시렸다. 양치할 때도 재주껏 아픈 쪽을 피하고 음식물을 그쪽으로 보내지 않으려고 갖은 노력을 했다. 실수로 그곳에 칫솔이 닿으면 온 인상이 찡 그려졌다. 참을 만큼 참다가 큰맘 먹고 치과를 찾았다.

치과 문을 들어서자마자 치과 특유의 소독 냄새가 달려들었다. 치르륵 치르륵 치료하는 기계 소리에 저절로 오금이 저렸다. 치과에서 치료받는 것을 좋아하는 사람이 있을까. 나는 유독 치과에 가는 것을 싫어한다. 오죽했으면 차라리 아이를 하나 더 낳는 것이 낫겠다고 생각할 정도다.

내가 치과를 이토록 무서워하고 싫어하는 데는 이유가 있다. 유년 시절, 젖니가 흔들릴 때마다 부모님께선 그것을 실로 묶었다. 그리고 다른 이야기를 하는 척하다가 이마를 툭 치면서 젖니를 뽑으셨다. 그때의 공포는 잊을 수 없다. 처음 한 번은 그렇게 해서 뽑

했지만, 그다음부터는 절대 부모님께 치아를 맡기지 않았다. 며칠을 끙끙 앓다가 음식을 먹는 도중에 저절로 빠질 때가 더 많았다.

드디어 올 것이 왔다. 내 차례다. 나는 도축장에 끌려 들어가는 소였다. 가까스로 치료용 의자에 앉았다. 스르르 뒤로 젖혀지는 의자 때문에 또 한 번 가슴이 철렁 내려앉았다. 알다시피 막니란 놈이 입안의 가장 안쪽에 있어서 최대한 입을 크게 벌려야 했다. 상추쌈을 크게 싸서 먹을 때처럼 목젖이 보일 만큼 벌렸다. 그런데 그것도 모자라서 한쪽은 간호사가 입을 벌리고, 다른 한쪽은 의사 선생님이 당겼다. 입을 찢는 형벌이 있다면, 지금 상황이 아닐까. 내 입이 찢어지지 않은 게 천만다행이었다.

X-ray를 찍었다. 확인한 결과 충치도 심하고 치아가 떨어져 나간 부위도 컸다. 당연히 이를 뽑아야만 했다. 간혹 막니가 어금니의 보철치료를 받을 때 요긴하게 쓰인다지만, 지금 나 같은 경우는 다른 방법이 없다고 했다. "뽑아야겠습니다." 의사의 상투적인 말에 악몽이 되살아났다. 어쩌랴. 부모님의 원시적인 발치보다 현대 의술을 믿고 맡기기로 작정했다.

따끔따끔한 마취 주사는 참을 만했다. 마취가 다 될 때까지 기다려야 했다. 잠시 후 잇몸의 감각이 이상해졌다. 혀도 아리아리해지며 굳어가는 느낌이다. 뺨도 얼얼해지고 입술과 턱도 내 것이 아니다. 쿵쾅거리는 심장은 도무지 가라앉지 않았다. 100미터 달리기

출발 선상에 선 기분이었다.
　의사는 이를 뽑는데 온 정성을 다했다. 우리 부모님처럼 엉뚱한 이야기로 정신을 팔게 하지 않았다. 부모님의 그 이야기가 의사의 마취제 같았다고 할까. 몇 초, 몇 분이 흘렀을까. '찌지직' 소리와 함께 턱이 다 빠질 것 같은 느낌이 들었다. 드디어 깍지 낀 내 두 손에 힘이 풀렸다. 20여 년 내 몸의 일부였던 막니는 뽑혀 나갔다. 그 자리에 거즈 뭉치로 콱 메워졌다. 이 뽑기 전에는 공포와 아픔만 생각했는데 막상 뽑고 나니 허전하고도 서운했다.
　유년 시절 젖니를 뽑고 나서 했던 행동이 새삼 떠오른다. 뽑아낸 윗니를 지붕 위로 던지면서
　"까치야, 까치야, 헌 이 줄게 새 이 다오."
　"헌 이는 가져가고 새 이는 빨리 다오."
　라고 구전동요를 불렀다. 이렇게 하면 까치를 통해 하느님께 헌 이는 반납하고 새 이를 받을 수 있다고 믿었다. 아랫니를 뽑았을 때는 아궁이 앞에 서서 두 발을 최대한 가지런히 하고 두 손을 모아 치아를 던져 넣었던 기억이 난다. 그래야만 치아가 예쁘고 바르게 난다고 부모님께서 말씀하셨다. 그때는 나름 아주 거룩한 의식을 치르듯 했다.
　막니를 일명 '사랑니'라고도 한다. 사랑을 알만한 열일곱 여덟 살쯤에 나는 어금니란 뜻에서 '사랑니'라 부르는 걸까. 처음 막니

가 나올 때, 몇날며칠 반복되는 통증에 잇몸이 부어올라 눈물 밥을 먹었던 기억이 떠오른다. 말도 어눌하게 나오고 뺨이 부어올라 손으로 가리고 다녔었다. 그때는 살을 뚫고 올라오는 막니앓이쯤은 무작정 참아내야 하는 것으로 알았다. 사랑을 알아가는 것이 이렇게 힘든 일인가. 지금 같았으면 당장에 치과로 달려가 뽑아버렸을 것이다.

그토록 힘들게 솟아났던 막니를 뽑았다. 지혈시키려 막아놓은 거즈에서 배어나온 핏물과 침이 입안에 자꾸 고인다. 간호사는 뱉지 말고 삼키라고 했지만, 피비린내가 역겨워 자꾸 뱉어냈다. 한두 시간 후에 거즈를 빼고 나니 이상하게 말이 새는 듯하다. 한쪽 뺨이 작아진 것 같기도 하고 혀가 빠진 막니의 빈자리로 자꾸 가닿는다. 혹여 막니가 빠질 때 사랑의 감정도 빠져나간 것이 아닌가 하는 염려에다 아쉬움마저 든다.

칫솔이 닿지 않는다고 등한시했던 막니가 제자리에 있을 때는 몰랐다. 뽑고 나니 말을 할 때도, 음식을 먹을 때도 반대쪽으로만 씹어야 하는 불편을 감수해야 했다. 뜬금없이 '있을 때 잘해'라는 유행가 가사가 떠오른다. 빈자리에는 늘 뭔가가 채워지기 마련인가보다. 막니가 빠진 자리에 밥 알갱이도 들어가고 과일 조각도 들어간다. 급기야는 장난삼아 씹던 껌을 돌돌 말아 끼워보기도 한다. 찌릿한 통증이 묘한 쾌감을 부른다. 이 무슨 아이러니란 말인가.

누에

사육통 안에 기진맥진한 흰 나방들이 흩어져 있다. 날개를 들 힘도 부치는 듯 겨우 몸을 움직인다. 미련 없이 죽기도 어려운 모양이다. 가슴이 찡하고 애처롭다. 저들도 다음 생에는 더 멋진 삶을 살아보리라 다짐을 할까. 내 보기에는 최후의 순간까지 최선을 다한 장엄한 생애였다.

유난히 동물이나 곤충을 좋아하는 아들 녀석 때문에 우리 집은 늘 애완용 동물들을 키운다. 이번에 입양시킨 녀석들은 애완용이라고는 상상도 못했던 누에다. 아는 동생이 키워보겠느냐고 했지만, 선뜻 대답하지 못한 것은 뽕잎 구할 일이 막막했기 때문이다. 하지만 무엇이든 식구가 늘어나는 것을 좋아하는 아들 녀석을 생각하며 큰맘을 먹었다.

분양을 받으러 가니 애벌레도 아닌 알이었다. 좁쌀보다 더 작아 보였다. 백지에 점이 찍혀 있는 듯한 알들이 족히 100개는 넘을 성

싶었다. 과연 이 조그만 점에서 누에가 나올까? 반신반의하면서도 호기심이 발동하여 아주 귀한 물건을 모시듯 집으로 데리고 왔다.

　며칠이 지났다. 날마다 눈이 빠지게 알을 관찰하던 아들 녀석이 누에가 나왔다고 호들갑을 떨었다. 달려가 확인한 결과, 속눈썹 반 길이도 안 돼 보이는 누에가 꼬물거렸다. 알에서 머리를 내밀고 힘겹게 나오는 놈도 있고, 꼬리에 알껍데기를 아직 달고 기어 다니는 놈도 있었다. 온몸에 생명의 신비, 그 전율이 지나갔다. 갓 깨어나는 누에는 입으로 불면 호르르 날려갈 것처럼 연약해 보였다. 남편은 돋보기를 들이대며 "어이, 이놈들 작아도 있을 건 다 있네."라며 연신 살피고 있다.

　마침내 우리 식구들의 누에 모시기가 시작되었다. 갓 태어난 누에는 연한 뽕잎이나 즙액을 먹는다는 정보도 얻었다. 뽕잎을 잘게 썰어 넣어주었다. 이놈들이 잎을 먹고 있는 것인지 잎에 붙어 있는 것인지 분간되지 않았다. 며칠 더 지나자 늦둥이들까지도 다 부화를 했다. 마치 자그마한 개미가 오글거리는 것 같았다. 조금 징그러웠지만, 자세히 보면 꼬물거리는 모습이 귀엽기도 했다.

　이놈들이 먹이를 먹지 않는 것 같아도 며칠 사이 가져온 뽕잎을 다 먹어 치웠다. 누에는 먹성이 좋은 녀석들이라 날마다 제 몸무게만큼 먹는다. 뽕나무가 있는 곳을 수소문해서 식구대로 일삼아 뽕잎을 따다 나르느라 분주했다. 하지만 하루가 다르게 쑥쑥 커가는 누에를 보면서 이까짓 일쯤이야 했다. 아이들의 자연관찰도 되고, 뽕잎 따러 여기저기 다니다보면 운동도 되고, 누에를 화제로 가족 간의 대화도 늘었다. 이게 바로 일석삼조가 아닌가.

누에가 우리 집 주인공이 됐다. 아침에 일어나면 식구들 식사보다 누에의 밥을 먼저 챙겼다. 며칠에 한 번씩 똥도 치워 줬다. 담당인 막내는 징그러워하지도 않고 녀석들을 그냥 손으로 들었다 놨다 떡 주무르듯이 다뤘다. 그러나 녀석들이 커갈수록 작은 상자에서 큰 상자로 자주 이사를 시키는 일이며 먹이를 감당하는 일도 버거워졌다.

누에 대책회의에 의견이 분분했다. 누에치기 농가도 아닌데 너무 많은 누에가 자꾸만 커가니 먹이를 구하기도 벅차다는 아빠의 안건. 누에가 집 안에 너무 많이 우글거리니 괜히 몸이 근질거린다는 딸들의 안건. 가만히 듣고 있던 막내가 말했다.

"그럼, 아깝지만 다른 집에 분양을 해줘요."

녀석들을 애지중지하는 막내가 큰 결심을 한 것이다.

"가입한 카페마다 누에를 공개 분양을 한다고 하면 어때요?"

누에 키우는 것을 탐탁찮아 하던 둘째 딸이 속이 후련하다는 빛을 역력히 드러내며 말했다.

소문을 듣고 막내의 친구들이 누에 애벌레를 보러왔다. 문전성시일 뿐, 선뜻 키워보겠다는 친구가 없었다. 부모님 허락을 받기가 쉽지 않은 것 같았다. 물고기나 다른 곤충이라면 사료를 사서 먹일 수도 있겠지만 누에는 반드시 뽕잎을 먹여야 하니 그것이 문제였다. 그래도 자녀 교육에 관심 있는 몇 집과 유치원 교사로 있는 친구가 원생들에게 관찰을 시켜주겠다며 분양을 하러 왔다. 막상 분양하고 나니 녀석들과 정이 들어서 섭섭했다. 누에를 키우는 방법을 자세히 일러주어도 마음이 놓이지 않았다. 딸을 시집보내는 어미 마음 같다면 지나친 비유일까.

 분양을 해주었는데도 누에는 줄어든 것 같지 않았다. 날로 누에는 커갔다. 어른 중지만큼이나 됐다. 손가락으로 슬쩍 쓰다듬으면 잔뜩 움츠러든다. 부드러우면서도 촉촉하다. 잠자는 아기 손가락을 살짝 건드려보는 기분이다. 누에는 허물을 벗기 위해 잠을 잔다. 그 시기는 먹이를 줘도 절대 먹지 않는다. 인터넷이나 백과사전도 찾아보고 누에를 키워본 적이 있는 분들을 찾아 자문도 했다. 누에에 대해 몰랐던 사실을 알아가는 재미가 꽤 쏠쏠했다. 우리 식구들은 점점 누에 박사가 되어 가고 있었다.

 유독 별 관심을 보이지 않던 큰딸이 웬일인지 무심히 누에들을 보다가 막내를 큰 소리로 불렀다.

 "준우야! 누에들이 왜들 이러냐? 거미줄 같은 것에 감겼어."

 "와! 이건 누에가 고치를 지으려고 실을 토해내는 거야. 누난 그것도 몰라?"

막내가 우쭐대며 말했다. 큰딸은 동생이 대견하면서도 얄미운지 꽁! 꿀밤 한 대를 먹였다. 씩씩거리는 막내 사이에 끼어든 나는 즐겁기만 했다.

부화한 지 4주쯤 지나니 누에의 색깔이 투명해지고 연노랑으로 변했다. 먹이도 먹질 않고 고개를 들고 흔들흔들하면서 고치 지을 장소를 찾는 눈치였다. 급한 놈은 미처 집 지을 장소를 찾기도 전에 입에서 실을 토해냈다. 이른바 토사였다. 고치 지을 장소를 만들어주는 일이 급했다. 나무젓가락을 엮어서 기초 틀을 만들었다. 그 위에 소나무 잔가지를 얹으니 자리가 그럴듯했다. 첫아이를 키울 때처럼 모르는 것은 여기저기 물어보았다. 실수를 안 하려고 온 신경을 다 쏟았다.

누에들은 고치 지을 장소를 정말 심사숙고해서 찾는 것 같았다. 일단 자리를 잡으면 제 몸속의 실샘에 모아둔 액을 토해냈다. 액은 공기에 닿으면 굳어져서 실이 된다. 녀석들은 절대 서두르지 않았다. 아주 조금씩 정성껏 고치를 지었다. 무려 1,500미터나 되는 실을 토해낸다니! 고치가 완성되어 갈수록 누에는 점점 작아져 갔다. 누에는 제 몸이 쪼그라들고 볼품없어져도 아랑곳하지 않았다. 있는 힘을 다해 고치를 지었다. 다 지은 고치는 백설같이 희고 예쁜 타원형 공 같았다. 신의 손길이 와 닿은 것 같았다.

옛날에야 실을 뽑아 비단을 짰겠지만 우리는 더 관찰하기로 했다. 열흘 후, 고치를 뚫고 나방이 나왔다. 머리부터 날개, 배, 다리까지도 백설 같았다. 나방은 날지를 못했다. 실을 뽑기 위해 길들어 날개 근육이 약해졌기 때문이다. 한번 맘껏 날아보지도 못한 나방이 애처로웠다.

나방은 2~3일간 짝짓기를 했다. 파르르 떠는 수컷이 불쌍하면서도 종족 번식을 위해 최선을 다하는 모습이 경이로웠다. 수컷은 짝짓기를 마치자마자 죽었다. 암컷도 하루 뒤에 수백 개 알을 낳고 곧 죽었다.

생명의 순환은 아무리 미물이라고 해도 신의 섭리인 것 같다. 4,500년을 이어 온 누에의 한살이를 보며 누에를 일러 천충(天蟲), 하늘의 벌레라고 하는 의미를 새롭게 새겨본다.

동행, 나의 화초 사랑

 눈을 뜨면 습관적으로 베란다로 향한다. 주인의 눈길을 기다리는 화초들과 아침 인사를 하기 위해서다. 오늘은 여린 이파리 사이로 분홍 꽃을 피워 올리고 있는 사랑초에게 눈길을 먼저 보낸다. 어제까지 앙다문 입술로 절대 속내를 보여주지 않을 것 같더니, 밤새 무슨 일이 있었는지 앙증맞은 다섯 개의 꽃잎을 활짝 벌리고 환하게 웃고 있다. 수줍은 듯하면서도 화사한 미소를 보여주는 사랑초와 눈 맞춤으로 하루를 설레는 마음으로 연다.
 언제부터인가 베란다에 화초가 하나둘 늘었다. 겨우 지나다닐 수 있을 정도의 공간만 두고 가지가지 화분들로 넘쳐난다. 더는 화초를 늘이지 말라는 남편의 엄포가 떨어졌다. 요즘 들어서 나도 관리하기에 버거울 만치 화초 식구들이 느는 바람에 고민이 되기는 한다. 하지만 하나하나 들여올 때나 키울 때나 저마다 사연들이 담겨 있어서 예사로이 여겨지지 않는다. 이 꽃은 이래서 좋고, 이 나무는 저래서 예쁘고, 저 춘란은 요래서 사랑스러워 화초마다 나름 아끼는 이유가 있다.

　나이가 들어갈수록 화초들과의 교감에서 마음의 평온을 찾는다. 생전에 어머니가 그랬듯이 화초들에도 말을 걸고 있는 나를 발견할 때가 있다. 알아듣지도 못하는 화초를 보고 예쁘다고 하고, 새로운 촉이 돋아난 화초에는 수고했다고 격려를 해준다. 때론, 지긋이 바라만 보고 있어도 흐뭇하다. 꼭 말을 주고받아야만 대화가 되고 소통이 되는 것이 아니라, 서로 말을 주고받지 않아도 느낌으로 알 수 있는 사이라고나 할까. 사람과 사람과의 면대면 만남에서 정을 나누듯이, 식물과의 무언의 대화 속에서도 보이지 않는 끈끈한 정이 흐른다.

　얼마 전, 손바닥 닮은 천년초 선인장을 화장품 가게에서 데려와 베란다에 두고는 잊었다. 가게 주인의 훈훈한 인심까지 담아 신문지에 둘둘 말아온 것인데, 다른 물건들을 정리하느라 그만 깜박 잊고 말았다. 며칠 후, 쓰레기인 줄 알고 버리려다 펼쳐 본 신문지 속에 되똑하게 누운 천년초를 발견했다. 원줄기에서 꺾일 때부터 잔뜩 긴장했을 텐데, 선인장을 그냥 내버려뒀으니 새 주인을 얼마나 원망했을까.

　모래바람 날리는 제 고향으로 돌아가려는 신문지 속, 천년초의 발버둥을 보았다. 실같이 뻗은 뿌리가 물 한 모금을 찾아 허공을 향해 내디디고 있었다. 천년초는 제 살길을 찾아 떠나려 하는 것인가. 살을 비집고 나온 촉수 같은 가시를 안테나 삼아 누군가에게 구조 요청했을지도 모를 일이다. 건망증이 심한 새 주인 원망했을 독기 품은 가시를 다독여가며, 토기로 된 화분에 보금자리를 마련해줬다.

천년초를 화분에 곱게 심고 주기적으로 물을 주어도 좀체 싱싱한 모습을 보여주지 않았다. 한여름 내내 고개를 떨어뜨리고 축 처진 모습이라 볼 때마다 애를 태웠다. 여름이 다 가도록 살아날 가망이 없어 보였다. 앞줄에 놓였던 천년초 화분의 자리가 뒷줄 구석으로 밀려나고, 관심에서 차츰 벗어났다. 꽃을 피우고 새순을 올리는 다른 화초들에게 마음자리를 내주고 천년초는 뒷전이었다.

그러구러 얼마나 흘렀을까. 어느 날 화초들에게 물을 주면서 눈길이 천년초에 멎었다. 천년초에 이상한 뿔이 솟아 있었다. 쪼그리고 앉아 눈높이를 같이하여 자세히 들여다보았다. 천년초가 귀엽고 자깝스런 새끼를 친 것이다. 한동안 시들했던 이유가 몸피를 줄여가면서 새 생명을 틔우기 위한 몸부림이었다. 이런 것도 모르고 천년초를 돌보는 일을 뒷전으로 미뤘으니, 아직도 나는 화초에 대해서 무지하다고 말해도 할 말이 없다. 화초에 대한 사랑과 관심이 있다고 화초를 잘 키우는 것이 아니다. 화초의 생태에 대해서도 잘 알고 가꾸어야 화초를 키울 자격이 있다.

화초와 교감이라고 할까, 화초를 키우다 보면 이들을 보는 마음이 생긴다. 화초는 사람이나 동물처럼 소리를 내거나 움직이지는 못하지만, 원하는 것이 있거나 문제가 생기면 사람에게 신호를 보낸다. 대부분 사람이 화초가 보내는 신호를 알아차리지 못하고는 "우리 집에는 화초가 잘 자라지 않는다."라고 변명 아닌 변명을 한다. 사람이 몸이 좋지 않으면 안색이 변하듯이, 식물도 어딘가 좋지 못하면 잎의 색깔이 변한다. 식물도 살아있는 생명체다. 아이들이 부모의 사랑과 관심으로 자라듯이, 화초도 주인의 정성으로 자라고 예쁜 꽃을 피운다. 그리고 사람들은 그 꽃을 보면서 기쁨과 위안을 얻는다. 그러고 보면 사람과 화초는 서로 도움을 주고받는 사이로, 사람과 화초와의 '필연적 동행'이라고 비유한다면 지나친 비약일까.

정일근 시인의 「쑥부쟁이 사랑」에 나오는 구절이 떠오른다. "이름 몰랐을 땐 보이지도 않던 쑥부쟁이 꽃이/ 발길 옮길 때마다 눈 속으로 찾아와 인사를 한다/ 사랑하는 눈길 감추지 않고 바라보면/ 꽃잎 낱낱이 셀 수 있을 것처럼 뜨겁게 선명해진다" 소개한 시처럼 산을 오를 때나 들을 거닐 때, 이름을 알고 있는 꽃들이 먼저 눈에 들어온다. 마치 그 꽃들이 내 눈 속으로 찾아와 인사를 하는 것 같다. 사람들 사이에도 이름을 기억하고 불러준다는 것은 그 사람에 관한 관심 어린 마음이 담겨 있다고 표현해도 과하지 않을 것이다.

 남향인 우리 집 베란다에는 오후 늦게까지 햇살이 든다. 화초들은 내남없이 햇살 따라 고개를 내민다. 사랑초 꽃잎 위에 살포시 내려앉은 햇살이 또르르 굴러 천년초 새순에 걸터앉는다. 햇살을 품은 천년초의 새순이 부쩍 자라 보인다. 머잖아 천년초가 앙증맞은 꽃을 피워 올리지 않을까 은근히 기다려진다. 이렇게 화초들과 사랑의 나누는 나의 동행은 늘 기다림의 연속이다.

머리카락

 아침이면 우리 집은 미용실이나 다름없다. 고등학생인 두 딸은 머리를 하루도 빠지지 않고 감는다. 샴푸도 이런저런 제품이 좋다며 굳이 그것만 사용한다. 머리를 말리는데도 정성이 이만저만이 아니다. 헤어드라이어로 말리는 것은 기본이고 매직기로 다림질하듯이 머리카락 한 올 한 올을 쫙 펴서 일자로 만든다. 그러고 나면 머리카락은 반지르르하게 찰랑거린다.
 공부를 그만큼 열심히 하면 오죽 좋을까. 이렇게 말하고 싶지만, 나도 저런 시절이 있지 않았냐며 꾹꾹 참아 누른다. 그땐 지금 같이 수도꼭지만 틀면 따뜻한 물이 나오는 게 아니었다. 아침마다 씻어야 하는 식구가 많았기에 연탄불 위에 데워진 찜통의 물을 나눠 써야 했다. 찬물을 섞으면 겨우 미지근할 정도다. 헤어드라이어가 어디 있기나 했었나. 한겨울 머리를 수건으로 대충 말리고 등교하다 보면 머리카락 끝에 고드름이 주렁주렁 달렸던 기억이 새삼스럽다.
　딸들이 나간 방안은 초토화되어 있다. 나뒹굴어진 드라이어, 실지렁이처럼 여기저기 기어 다니는 머리카락, 방바닥을 차지하고 있는 젖은 수건, 귀 후빈 면봉, 밤새 딸애 귀를 즐겁게 해줬던 이어폰…. 딸들의 체온이 아직 남아 있는 이불속에 밤새 껴안고 뒹굴던 꿈들이 들썩거린다. 베란다 창문 활짝 열고 눅눅해진 이불을 툴툴 털어 널다 유난히 눈에 띄는 머리카락 한 올을 발견했다. 이불 가장자리에 똬리를 틀고 있는 머리카락. 그 폼이 비비 꼬인 큰딸과 똑같다. 한참을 쪼그리고 앉아 들여다봤다. 요즘 큰딸은 묻는 말에 대답도 잘하지 않는다. 툭툭 내뱉는 말마다 뭐가 그리 불만이 많은지 꼭 한바탕 싸움질할 수탉이다. 손톱으로 그 머리카락을 살짝 들어 올리자 축 늘어진 것이 밤늦게 귀가하는 큰딸과 흡사하다. 봄바람 훈훈한 창밖으로 날려 보냈다. 마치 큰딸이 날개를 펴고 나는 것 같다.
　난 유년 시절부터 남의 머리를 만져주는 것이 좋았다. 친구들을 불러놓고 아카시아 잎의 줄기로 머리에 파마해주는 놀이를 즐겼다. 그래서인지 두 딸이 어렸을 때는 머리를 예쁘게 만져주는 것이 즐거웠다. 이런저런 모양을 내며 아이들 머리에다 한껏 재주를 부렸다. 늘 보는 사람마다 딸아이 머리를 어떻게 저리 예쁘게 해주느냐고 칭찬을 아끼지 않았다. 머리를 손질해줄 때마다 딸아이가 언

머리카락

제 어디서나 꼭 필요한 사람이 되라는 기도도 빠뜨리지 않았다.

처음 사람을 만날 때 눈길이 먼저 머리로 간다. 아무리 좋은 옷을 입어도 헤어스타일이 맞지 않으면 자꾸만 거슬린다. 당연히 외출할 때 헤어스타일에 신경을 많이 쓴다. 나를 잘 모르는 사람들은 외출할 때마다 매번 미용실에 다녀온 줄 안다. 너 같이 머리 잘 만지면 미용실 하는 사람 다 굶어 죽는다고 우스갯소리를 하는 친구도 있다.

친정엄마께서 매우 편찮으셔서 오래 입원해 계셨다. 퇴원 후에도 늘 누워계셨기에 머리 모양이 내 보기엔 영 아니었다. 목욕을 시켜드리고, 로션을 발라드리며 거울을 보여드렸더니 자꾸만 손길이 머리로 갔다. 흰머리가 많이 자라 있었고 너무 길어 너저분해 보였다. 그래서 미장원에 가실 건가 여쭸다. 당신도 헤어스타일이 마음에 안 드셨는지 선뜻 가자고 하셨다.

두 사람이 부축해야만 거동할 수 있기에 내심 걱정스러웠다. 갓난아이 다루듯 조심스레 부축해 가까운 거리인데도 차로 모셨다. 다행히도 미용실 원장이 엄마께서 잘 아는 분이라 친절히 대해주셨다. 환자티가 나지 않게, 예쁘게 해달라며 지켜봤다. 머리카락이 잘려나갈 때마다 엄마의 병도 싹둑 잘려나가면 얼마나 좋을까. 거울에 비친 엄마는 조금 상기된 얼굴이셨다. 파마했던 머리카락이 거의 다 잘려나가자 생머리의 백발노인이 되었다. 엄마는 절대로 할머니가 되지 않을 줄 알았는데 영락없는 할머니다. 마음이 찡했다.

이대로라면 더 환자처럼 보일 것 같았다. 안 되겠다 싶어 염색해달라고 했다. 오래 앉아 계셔서 불편해 하시면서도 엄마는 상기된 얼굴에 진지함마저 감돌았다. 잠시 후 머리를 감고 드라이를 한 엄마는 중년 아주머니가 되셨다. 내 마음에 진 그늘도 한결 옅어지는 기분이었다.

"할머니, 젊었을 때 참 고왔겠어요?"

센스 있는 미용사의 말이 엄마의 입가에 미소를 번지게 했다. 연로하고 편찮으셔도 엄마도 역시 여자다.

헤어스타일 한번 바꿨는데 엄마는 기분이 참 좋아보였다. 돌아오는 길에 아버지도 모시고 드라이브를 하였다. 창문을 살짝 내리자 부드러운 바람이 비집고 들어왔다. 바람이 코끝을 간질이는 봄날이다. 두 분이 함께하는 오랜만의 바깥나들이다.

"아버지, 엄마 머리카락 자르고 염색하니까 새색시 같죠?"

아버지는 빙그레 웃으며 엄마를 힐끗 쳐다보신다. 엄마는 무슨 색시냐면서도 모처럼 환한 미소를 지었다.

평소 단골로 가시는 묵 집에 들렀다. 묵과 두부에다 동동주까지 곁들여 주문했다. 부모님은 "뭐 하러 이런 곳까지 왔냐." 하면서도 흐뭇해 하셨다. 괜히 눈시울이 뜨거워졌다. 건강하실 때 많이 모시고 다니고 맛있는 것 드시게 할 걸, 후회스러웠다.

　친정에 두 분을 모셔드리고 돌아오는 내내 마음이 무거웠다. 엄마가 젊었을 때 찍은 사진을 본 적이 있다. 삼단같이 쫑쫑 땋은 머리를 뒤로 늘어뜨리고 찍은 뒷모습의 사진이었다. 그땐 엄마도 꿈꾸는 삶을 살고 있었을 것이다. 윤기가 반지르르 도는 엄마의 머릿결이 그것을 말해주고 있다. 지금은 그 꿈의 종착지에 다다랐다고 말해야 하나. 퍼석한 엄마의 머리카락에서 오늘따라 마른 가랑잎 바스락거리는 소리가 들리는 듯하다.

　인생이란 어쩌면 머리카락이 나고 풍성하게 자라고, 점점 희어져 백발이 되고 한 올 한 올 빠지는 것과 같은 여정이 아닐지.

현월봉, 다시 만나다

　그대는 온통 초록의 옷으로 갈아입었더군요. 어느 날은 구름 속에 몸을 숨기고 무슨 꿍꿍이 속내인지 도통 알 수가 없었어요. 안개 띠를 허리에 두른 씨름 선수가 되어 덤비려 들다가 때로는 말간 미소년의 얼굴로 나를 유혹하였지요. 한달음에 달려가지도 못하고 하염없이 올려다보던 제 마음 알았나요? 그대가 저수지로 내려와 몸 씻는 모습을 영상으로만 담을 뿐. 그저 바라볼 수밖에 없다는 생각에 한숨만 들이쉬고 내쉬었어요.
　교통사고로 디스크 진단을 받은 허리가 재발해버렸어요. 그 후 1년여 그대의 언저리만 맴돌았지요. 한 달이면 몇 번씩이나 그대를 찾았는데 아픈 허리로는 자신이 없었어요. 그대 정수리에 올라서면 발아래 내려다보이는 세상이 다 내 것이 된 듯했지요. 가슴이 뻥 뚫리고 온몸에 생기도 넘쳤어요. 차오르는 충만감으로 가슴은 애드벌룬이 되곤 했어요. 그때, 내 가슴이 저수지라면 만수위로 찰방거리며 어깨춤을 추었을 거예요. 그렇지만 그대를 만나지 못하고 부터는 가뭄에 쩍쩍 갈라진 바닥을 드러낸 저수지라고나 할까요.

K문학회에서 제주도로 문학기행을 가기로 했어요. 그런데 태풍 '너구리'가 온다고 연일 뉴스에서 떠들어대지 뭐예요. 계획이 물거품 되고야 말았지요. 허탈한 마음을 어떻게 메우나 하다가 주섬주섬 배낭에 짐을 챙겼어요. 현월봉, 그대에게 위로받고 싶었어요. 이참에 그대를 꼭 만나러 가야겠다고 큰맘 먹었어요. 그대가 늘 그 자리에서 말없이 저를 기다려준다는 거 알아요. 그래서 용기를, 오기를, 객기를 부려 보기로 했어요. 첫사랑을 만나러 가는 것 같았어요.

습기를 잔뜩 품은 데다 흐리고 후텁지근해서 땀으로 목욕할 정도였어요. 할딱고개에서 목을 축이며 그대를 올려다보는데 마음이 날씨만큼이나 변덕을 부려댔어요. '괜히 무리해서 허리 병이 덧나면 어떻게 하나. 포기할까? 아니야, 이왕 마음 다지고 나섰는데 오르고 말아야지.' 뚜벅뚜벅 발길을 내디뎠어요. 평일인 데다 날씨가 오락가락하니 산행하는 사람도 드물었지요. 골짜기에 들어설 때는 어두컴컴해 무섬증이 들었어요. 큰소리로 노래도 부르고 시도 외우고 휴대폰으로 노래를 틀기도 했지요. 흥얼거리며 노래를 따라 부르는 제 목소리 들었나요?

그대는 어쩜 그리 어여쁘고 자상한가요. 혼자 오르는 동안 지루

할까봐 계곡물로 오케스트라 연주를 해주고 바람을 보내 흐르는 땀을 씻어주었지요. 다람쥐며 산비둘기를 시켜 마중도 보냈더군요. 비탈길이었다가 오솔길이었다가 다리쉼하라고 너럭바위까지 내어놓은 친절에 제주도를 못 간 서운함이 언제 그랬냐는 듯 사라졌지 뭐예요. 산수국, 꿩의 다리, 꽃기린, 산나리, 이름 모를 풀꽃들까지 지천인 자드락길을 걷다 보니 가슴 가득 뭉클한 감동이 밀려왔어요. 오랜만에 그대의 단장한 모습을 대하니 일상에 지쳐 퍼석해진 가슴에 단비가 내리는 것 같았어요.

오늘은 그대를 통째로 가진 것 같아요. 주말이었다면 길게 늘어선 등산객으로 끙끙대며 몸살 앓는 소리만 들었을 텐데요. 그대의 오감까지 죄다 느낄 수 있게 되다니 이게 웬 횡재인가요. 저절로 내 속에 든 자신과 만나게 되더라고요. 수습되지 않은 지난 일들을 반성하고 되새겼을 뿐 아니라, 앞날을 생각할 여유까지 얻었어요. 저만치 허공이 먹구름에 덮였어도 그대를 가까이 느낄 수 있어요. 제 마음을 읽은 눈치 빠른 다리가 걸음을 재게 옮기네요.

현월봉! 마침내 그대를 다시 만났어요. 숨이 턱 막힐 것 같아요. 와락 껴안고 싶었지만, 슬며시 어깨에 기대고 말았지요. 아버지 같고 어머니 같고, 친구도 되고 애인도 되는 이 느낌을 제가 얼마나 갈망했는지 아나요? 오늘에야 소원을 풀었어요. 성취감에 가슴이 터질 듯해요. 운무에 싸여 잠깐 사이에도 수십 번 낯빛을 바꾸는 그대 모습을 눈에, 가슴에 담아두려 셔터를 눌러대는 손이 바빴어요.

염려했던 허리도 거뜬했어요. 하산은 여유를 부려보았어요. 은근슬쩍 장난기가 발동하지 뭐에요. 널찍하고 평평한 길에 들어서면 '여기가 너의 어깨쯤이겠지.' 불룩한 봉오리에 올라서면 '아마 근육질의 가슴께쯤 될 거야.' 두루뭉술한 걸 보니 '이곳은 엉덩짝이 틀림없을 거야.' 그대를 낱낱이 더듬어보며 내려오는 저를 어떻게 생각했나요. 하하, 얼굴이 화끈거리네요.

계곡에 걸터앉아 등산화 끈을 풀고 양말도 벗고 발을 담갔어요. 몇 초 지나지 않았는데 뼛속까지 시리더니 묵직하던 다리에 새 기운이 스몄어요. 분명 그대의 정기이겠죠? 토닥토닥, 허벅지부터 발가락까지 잘 다독여줬어요. 도전해 보지도 않고 지레 겁만 먹고 있었더라면, 이런 충만을 누리지 못했을 거예요. 이제 눈을 감고도 온몸으로 그대를 느낄 수가 있어요. 아마 자주 만날 거예요.

현월봉! 그대는 초승달이 걸려 있는 듯한 모습을 보고 지은 이름이라지요. 눈썹달이 뜨는 날, 그대에게 걸린 달 따러 가도 되죠?

다 컸네!

"할마이, 이제 다 컸네!"

여든한 살의 나이테를 두른 친정아버지께서 일흔일곱의 어머니께 하신 말씀이다. 그도 그럴 것이 기지도 못하던 어머니가 보행보조기 없이도 아주 조금씩 걷기 시작했으니까. 어머니는 아버지의 이 엄청난 칭찬에도 반응이 없다. 어머니는 작년에 뇌출혈로 쓰러지셨다. 거동도 못하시고 끼니도 매번 먹여드려야 했다. 병세는 호전되다가도 다시 악화하기를 거듭했다. 서로 말은 하지 않았지만, 마음의 준비는 다들 하고 있었다.

어머니는 외며느리로 시집와서 홀시어머니의 호된 시집살이를 하셨다. 이웃과 친지들은 어머니를 안타까워했다. 넉넉잖은 살림에 다섯 남매 거둔다고 평생 자신을 위해서는 무엇 하나라도 쓰신 적이 없으셨다. 늘그막에 좀 편해지려나 싶었는데 덜컥 병환이 난 것이다. 어머니 인생이 안쓰럽고 허무했다. 평생 내 마음의 안식처였던 어머니라는 우산이 해지고 찌그러지고 있다. 세상살이에 굳은살 박인 이 나이에도 어머니를 떠올리면 가슴이 쓰리고 아프다.

친정에 다녀오면 기운이 빠지고 우울했다. 샤워를 틀어놓고 식구 몰래 펑펑 소리 내어 울었다. 멍한 상태로 생각에 빠졌다가 남편이 알아차리면 속상해 할까봐 숨죽여 우는 날은 베갯잇이 흠뻑 젖었다. 그런 날은 더 정성을 다해서 어머니 입맛에 맞는 음식을 준비하곤 했다. 1년쯤 지나자 병세가 많이 호전되었다. 기운도 차리고 식사도 혼자 드실 수 있게 됐다. 마침내 어머니가 걸음마를 시작하셨다.

아버지는 칭찬에 인색했다. 모든 면에서 완벽하신 당신은 웬만해서 누구를 칭찬하지 않았다. 그럼에도 먼 기억 속에 나는 당신께 들은 칭찬 한마디를 기억하고 있다. 가만히 있어도 숨이 턱 막히는 한낮. 들일 다녀오신 당신께 등목을 쳐드렸다. 당신은 양쪽 손을 바닥에 짚고 최대한 상체를 낮췄다. 땀이 송골송골 맺힌 등에 등허리부터 시원한 물을 바가지로 부어드렸다. "으그 시원타." 당신은 연신 좋아하셨다. 당신의 등에 비교할 수 없는 조그만 손으로 비누를 묻혀 문질러드렸다. "그만 됐다. 그만해라." 하시는 말씀에는 나에 대해 애처로움이 느껴졌다.

지금 아버지의 휜 등은 진이 다 빠진 고목 같아 안쓰럽기 그지없다. 하지만 그때 당신의 그 크고 널찍한 등은 한없이 믿음직스러웠다. 내가 건네는 수건을 받으시며 "우리 막내딸 다 컸네."라며 빙그레 미소를 지으셨다. 나는 세상의 모든 것을 다 얻은 기분이었다.

오늘 아버지는 어머니에게 "다 컸네."라고 하셨다. 과연 그 시절 나를 보듯이 했을까. 내가 내 아이를 칭찬하고 느꼈듯이 아버지도 그때 내게서 대견하고 기특한 마음의 즐거움을 느꼈을 것이다. 어머니께 그리 말씀을 하시면서도 어머니를 바라보는 눈빛에는 측은함과 서글픔이 묻어났다. 어머니가 더는 자랄 수 없다는 걸 아시는 당신은 날개 꺾인 새처럼 슬퍼하고 아파하셨다.

아버지도 정정해 뵈지만 언제 무슨 일이 들이닥칠지 모른다. 당신도 이젠 가족의 보살핌을 받을 연세다. 아버지는 어머니를 아장아장 걷는 돌잡이로 여기는 듯하다. 어머니는 불편할 때마다 "너거 아부지 어딨노?"라며 아버지를 먼저 찾는다. 어머니는 언제나 입 안의 혀처럼 해주시는 당신이 잠시라도 안 보이면 좌불안석이다. 아버지는 어머니를 보살피다가도 자주 한숨을 지으신다. 당신이 유일하게 기댈 수 있는 의지처가 무너지는 것을 보고 계신 것이다.

내 아이가 고등학생이 되도록 여태 어머니가 해주시는 동지팥죽을 먹어왔다. 이번에는 어머니를 대신해서 내가 아이들에게 세시 음식을 해 먹이고 싶었다. 마침 시골에서 가져온 팥이 있었다. 금방 눈앞에 김이 솔솔 나는 팥죽이 아른거렸다. 어머니께 팥죽을 어떻게 끓이는지 전화로 여쭤봤지만 차 떼고 포 떼고 하시는 말이라 알아들을 수가 없었다. 인터넷을 뒤지고 지인에게 묻고서야 드디어 요리에 들어갔다.

　한 번도 해본 적 없는 음식이라 지레 어려울 것으로 생각했다. 하지만 생각보다 쉬웠다. 냄비 속에 팔팔 끓는 팥죽의 기포가 터지는 소리에 친정집 부엌이 그려졌다. 어머니는 무쇠솥에 장작을 지펴 팥죽을 끓이셨다. 언니가 없을 때는 내가 팥죽을 저었다. 기포가 터지거나 잘못 저어 손에 그 뜨거운 것이 튀어서 화들짝 놀랬던 기억이 났다. 나도 옆에서 지켜보는 아이에게 눈지 않게 잘 저어보라고 시켰지만, 혹시나 튀어서 데일까 봐 노심초사했다.

　그래, 바로 이 맛이다. 제 맛 나지 않으면 어떻게 하나 염려했던 것이 기우에 지나지 않았다.

　"엄마, 퍼펙트야! 팥죽 장사하면 대박 나겠어."

　팥죽을 먹어본 딸아이가 탄성을 질렀다. 다소 과잉 표현인 줄 알면서도 우쭐했다. 팥죽을 싸 들고 친정에 갔다. 부모님께 팥죽을 동치미와 함께 차려 냈다.

　"우리 복희 이제 다 컸네. 팥죽도 다 끓일 줄 알고."

　첫술을 뜨신 어머니께서 좋아하셨다. 어머니의 말씀에 기쁘기도 했지만, 반면 마음이 짠했다. 유년 시절 어머니의 "다 컸네." 하는 칭찬을 들으면 뿌듯하고 우쭐해져서 뭐든지 다 해낼 수 있을 것 같은 자신감이 넘쳐났다. 생의 마무리 단계인 어머니는 내가 한 사소한 일에도 감동이 크시다. 팥죽 한 그릇 해드리고 이 엄청난 칭찬을 듣자니 죄송하고 부끄러울 따름이다.

  어릴 적부터 여러 번 들어온 어머니의 "다 컸네."라는 말, 참 오랜만에 들었다. 부모에게 자식은 언제나 미숙해 보이는가보다. 팥죽 한 그릇으로 나는 또, 다 컸다.

타임캡슐을 열다

 설날 아침이 밝았구나. 이 할미 할아비는 섣달 그믐날부터 너희들에게 오려고 마음이 급했다. 1년을 하루 같이 너희들을 생각하고 걱정하는 마음이야 한결같지만, 조금이라도 빨리 보고 싶어 한달음에 달려왔다. 해마다 서너 번을 오는데도 아파트는 어디가 어딘지 헷갈려서 찾기가 영 힘들더구나. 그래도 너희 할아비 꽁무니를 잡고 따라오면 할미는 걱정이 없단다.
 현관 밖으로 너희들의 웃음소리가 새어 나온다. 차례상을 진설해놓고 뭐가 그리 좋은지 연신 웃음꽃을 피우고 있네. 우리가 너희들 바로 옆에 와 있는데도 몰라보다니…. 할미의 억지스러운 말에 너희 할아비가 날 꾸짖듯 눈을 흘기는구나. 가만히 들어보니 웃음보를 터지게 한 것이 타임캡슐이더구나.
 작년 설날. 어미의 제의로 타임캡슐에 '올해의 우리 가족 목표'를 적어 보관했더랬지. 각자 목표를 정하기까지 서로 '감 놔라, 대추 놔라' 말이 많기도 하더구나. 정해진 목표를 차례상에 올려놓고 차례를 지낼 때, 우리는 그런 너희들의 모습이 의아스럽고도 한편으론 흐뭇했단다. 스스로 정한 한해 목표를 달성하기 위해 노력할 너희들이 무척 대견스러웠다. 또한, 자신과의 약속들을 1년간 어떻게 이행할까, 우리는 참으로 궁금했단다.

작년 추석에 중간 점검을 하더구나. 새해에 세운 목표를 잊고 지내는 줄 알았다. 그런데 추석 차례상 앞에서 타임캡슐을 열고 재확인을 하더라. 그때 효민이는 토라지더구나. 새내기 대학생활에 정신없이 지내다가 목표로 정해놓은 것과는 정반대로 가고 있었지. 아비의 잔소리에 홱 돌아서서는 어미에게 이런 것을 괜히 정해서 잔소리 들었다고 하였지. 그래도 이것으로 자기의 생활을 반성하게 되고 다시 더 나아갈 계기가 되지 않겠니.

아비는 처음에 목표를 정할 때부터 우리가 알아봤다. '로또 1등 당첨, 10억 만들기, 몸무게 10kg 감량'이라는 목표를 정하고 한 가지도 이룬 것이 없더구나. 첫 번째와 두 번째는 너무 허무맹랑했다. 세 번째 목표는 1년간 노력했으면 10kg 감량은 무리더라도 그에 근접했을 것인데, 아이들을 혼낼 처지가 아니더구나. 하지만 아비가 가정을 잘 꾸려가는 모습이 늘 든든하고 대견스럽다.

어미가 처음 인사 올 때가 생각나는구나. 아비가 순둥이 같아서 늘 걱정이라 좀 당찬 처자가 들어왔으면 했는데 오십보백보라 여졌다. 그런데 외며느리의 역할이나 자식을 낳아 기르는 정성이나 가정생활 전반에 나무랄 데가 없더구나. 이번에도 기발한 생각을 해냈더라. 가족들에게 한 해의 목표를 정하게 하고 그것을 이루도록 동기부여를 한 것에 박수를 보낸다. 꼭 목표 달성을 해서라기보다 그것을 향해 노력하는 과정에서 많은 도움이 되지 않을까 한다.

눈에 넣어도 안 아플 우리 새끼들 한 번 안아보자꾸나. 큰 손녀 효민이는 이제 대학 2학년이구나. 한창 멋 부릴 나이지. 처자 티가 나는 것이 시집보내도 되겠네. 둘째 효진이는 고등학교 3학년에 올라간다지. 많이 힘들겠구나. 언니보다 키도 크고 곱상한 것이 남학생께나 줄을 서겠구먼. 두 녀석 다 어째 살빼기가 한 해 목표냐. 요즘 처자들은 매스컴 탓인지. 비쩍 마른 말라깽이가 못되어 안달이니 원! 지나가는 강생이가 뼈다귀인 줄 알고 따라오겠더라. 우리 새끼들은 좀 통통하게 살이 올랐으면 좋겠구나. 젊음과 건강은 돈으로도 살 수 없다고 하지 않더냐.

우리 막둥이 준우 한번 업어주고 싶구나. 어릴 적 눈만 새까맣게 반짝거리던 녀석이 언제 이리 많이 컸노. 백일 지나고부터 우유를 먹질 않아 어미가 애를 태우더니 이제 어깨가 벌어지고 덩치가 실한 것이 많이 크겠다. 어미 아비가 늘 안 큰다고 걱정이던데 걱정일랑 붙들어 매라고 해라. 오죽했으면 우리 새끼가 한 해 목표를 키 많이 크기로 정했냐. 키에 대해서 너무 스트레스 받지 마라. 내

년이면 쑤욱 커서 누나들 키 따라잡고도 남겠다.

누가 잘했다 잘못했다 실랑이할 것 없다. 1년 만에 나타나는 결과가 뭐 그리 중요하겠니. 이것을 계기로 10년 후의 목표를 잡을 수도 있고 나아가 20년, 30년 후 자신의 모습을 그려서 적어 보는 것도 좋을 듯하구나. 눈앞에 바로 드러나는 것에 만족하기보다 늘 앞을 내다보는 식견을 가졌으면 한다. 그리고 우리에게 바람이 있다면 너희들이 아주 작은 것에도 감사하고 늘 여유를 잃지 않는 풍요로운 삶을 살았으면 한다.

생전 못한 잔소리를 오늘 다하는 것 같구나. 이 할미 할아비의 마음이라고 여겨라. 우리 새끼들 한번 품어보지도 못해서 미안하구나. 할미 할아비 정도 모르고 커 온 너희들을 생각하니 가슴이 아린다. 그래도 늘 너희들 곁에서 한 시도 떠나지 않고, 어루만지고 걱정하고 잘되기를 바라고 있단다.

전해 오는 풍습으로 청참(聽讖)*이라는 것이 있다. 할미 할아비는 길조인 까치의 지저귐보다 현관 밖으로 새어 나오는 너희들의 웃음소리가 더 좋더라. 새해마다 연례행사처럼 타임캡슐을 열어보며 깔깔대는 소리를 상상만 해도 마음이 즐겁다.

---

* 설날 아침 일찍 밖으로 나가, 처음 듣는 짐승의 소리로 한 해의 운수를 점치는 것.

3부

그녀, 나의 연인

이중섭을 그리다

 그림 「흰 소」 앞에서 미동도 없이 생각에 잠겼다. 꺽진 소의 그림 속에서 붓을 쥔, 뼈마디 드러난 이중섭의 손을 보았다. 가슴 밑바닥에 가라앉아 있던 연민을 불러내는 손이다. 바투 다가가 손을 내밀어 그의 손을 살며시 잡았다. 가늘고 긴 손가락은 거칠고 투박했다. 손톱에 낀 여러 색의 물감이 예술가로 사는 삶을 끈질기게 고집한 그의 생애를 말해주고 있다. 왼손으로 그의 손을 받치고 오른손으로 손등을 토닥였다.
 이중섭의 탄생 100주년을 맞아 역사상 처음으로 개인전이 열린다는 반가운 소식을 들었다. 평소 이중섭의 그림 세계에 관심이 많은 나는 만사를 제쳐두고 서울행 기차에 올랐다. 덕수궁 돌담길을 돌아들어선 국립현대미술관 「이중섭, 백년의 신화」라는 전시회에서 그를 만났다. 그의 유작 그림들과 아내 마사코에게 보낸 친필 편지들이 전시되어 있었다. 전시관을 둘러보다가 대형 흑백사진

앞에서 발길을 멈췄다.

머리에 베레모를 쓰고 두 팔을 다리 위에 올리고, 목을 앞으로 쭉 빼내고 찍은 그의 사진이었다. 전시회를 배경으로 찍은 사진인데, 선바람인 듯 그의 행색이 지나치게 후줄근해 보였다. 담배까지 손가락 사이에 끼우고 찍은 걸 보니, 자기 삶의 모습을 진솔하게 보여주고 싶었던 것 같다. 헐렁한 바지 밑으로 드러난 낡은 구두가 그의 궁핍한 생활을 대변해주고 있다. 앞코는 문드러지고 색은 바래고, 낡고 닳아서 너덜거리는 구두를 보니 내 마음이 울가망했다. 이렇게 요모조모 살피는 나를 물끄러미 내려다보던 그가 우물쭈물하더니, 내게 생전에 하지 못한 이야기를 건넨다.

중섭: (머리카락을 쓸어올리며) 저의 몰골이 지나치게 초라합니까? 제 그림을 보러온 사람들의 얼굴에서 저는 왜, 안쓰러움을 읽어야 할까요.

나: 당신은 무엇보다 자신의 감정을 숨기지 않고 표현하는 정직한 화가로 정평이 났습니다. 당신의 그림 세상은 일제 강점기와 한국전쟁 그리고 분단으로 얼룩진 한국의 근대사가 고스란히 들어 있습니다. 열악한 여건 속에서도 예술혼을 불태우며, 절대로 사그라지지 않는 창작 활동에 모두가 찬사를 보냅니다.

중섭: (확신에 찬 모습으로) 사람은 누구나 자신이 좋아하는 일

을 할 때 가장 행복하다고 생각합니다. 저도 어렵고 힘든 여건이지만 제가 잘할 수 있고, 좋아하는 일을 할 수 있어 늘 붓을 잡는 일을 게을리 하지 않았습니다. 그것이 제 삶의 전부라고 할 수 있으니까요. 사랑하는 제 가족과 함께라면 어떤 고난도 걸림돌이 되지 않았습니다.

나: (얼굴에 미소를 지으며) 당신의 그림을 보고 있으면 마음이 평온해집니다. 적궁한 피난 시절에도 가족과 행복한 나날을 보내며 순진무구한 아름다움을 표현했는가 하면, 전쟁 후에는 강인한 의지와 자신감으로 힘찬 소 작품들을 쏟아냈었지요. 당신을 두고 한국의 감춰진 아름다운 감각을 표현한 민족의 화가로 후세 사람들 모두가 극찬합니다.

중섭: 우직한 소를 그리고 있으면 제가 소가 된 듯합니다. 가장으로서 한 가정을 꾸려나가야 할 책임과 의무감을 황소에게서 보았지요. 소를 그릴 때 남성적인 기상을 드러낸 이유도 여기에 있습니다. 그리고 소는 우리 민족의 혼이 담겨 있다고 생각합니다.

나: (안타까운 얼굴로) 그러나 사랑하는 가족과 헤어진 후 사기를 당해 빚에 시달렸고, 모진 생활고 속에서 거식증을 앓았다지요. 게다가 정신적 질환까지 겹쳐 불행한 말년을 보내다 결국, 쓸쓸하고 애잔한 작품들을 뒤로 한 채 마흔한 살의 아까운 나이에 홀연히 세상을 떠났지요.

중섭: (손가락의 담배를 입에다 물며) 그 당시 폭풍우 같은 시대의 소용돌이에 휘말린 사람이 어디 저뿐이겠습니까.

이렇듯 이중섭은 시대적 기류에 휩쓸리면서도 그림에 천부적인 재능을 살려 자신의 그림 세계를 구축해 나갔다. 그와 일본 유학을 함께 했던 구상 선생은 이중섭을 이렇게 회고했다.

중섭은 참으로 놀랍게도 그 참혹 속에서 그림을 그려서 남겼다. 판잣집 골방에 시루의 콩나물처럼 끼어 살면서도 그렸고, 부두에서 짐을 부리다 쉬는 참에도 그렸고, 다방 한구석에 웅크리고 앉아서도 그렸고, 대폿집 목로판에서도 그렸고, 캔버스나 스케치북이 없으니 합판이나 맨 종이, 담뱃갑, 은종이에다 그렸고, 물감과 붓이 없으니 연필이나 못으로 그렸고, 잘 곳과 먹을 것이 없어도 그렸고, 외로워도 슬퍼도 그렸고, 부산·제주도·통영·진주·대구·서울 등을 표랑 전전하면서도 그저 그리고 또 그렸다.

미치지 않고서는 최고가 될 수가 없는 것 같다. 이중섭에게서 그림은 살아가는 이유이자 그의 생활이며 삶의 전부였을 것이다. 아니 그의 죽음까지도 그림에 대한 순도였으리라.

대구 동성아트홀에서 「중섭의 아내」라는 다큐멘터리를 본 적이 있다. 아흔이 넘은 이중섭의 아내가 휠체어를 타고 여행에 나섰다. 가슴에 사무치도록 그리던 중섭은 눈앞에 없고, 그가 즐겨 그렸던 그림 「황소」와 마주하고 있다. 할 수만 있다면 그녀를 과거로 순간 이동이라도 시켜주고 싶은 심정이다. 그러면 그녀는 수줍은 미소를 지으며 그의 품에 살포시 안겼을 텐데…. 혈혈단신으로 현해탄을 넘어와 중섭과 위대한 사랑을 이뤘던 그녀의 용기는 어디에서 나온 것일까. 그것은 바로 사랑의 힘이었을 것이다.

  다시 「흰 소」의 그림에 빠져든다. 소의 역동적인 힘을 표현하기 위해 온몸의 관절들은 경직되고, 신경들은 붓끝으로 쏠려 일그러진 그의 듬쑥한 얼굴이 그려진다. 한 방향을 깊게 응시하는 소의 눈빛처럼 소를 그릴 때 그의 눈도 저 빛이 아니었을까. 박진감 넘치는 소의 모습에 반해 그 눈빛은 우수에 잠긴 그의 눈망울과 닮았다. 소가 중섭이고, 중섭이 소였다. 그리고 소는 우리 민족의 상징이었다. 이 모두, 그가 소를 그린 이유가 아닐까.

내성천에는 은어도 별이 된다

　반두를 손에 쥔 남편의 모습이 전투에 나가는 무사 같다. 옆에서 물고기 통을 들고 서있는 아들 녀석도 사뭇 진지하다. 수백 명의 봉화 은어 축제 참가자들이 저마다 반두나 어망을 총 칼같이 옆에 차고 내성천을 둘러싸고 있다. 기대와 설렘에 긴장감마저 흐른다. 삐익 신호음과 함께 봇물 터지듯이 풀어놓은 은어를 향해 돌진한다.
　어른들이 더 신이 난 모양이다. 그이도 반두를 아들에게 건네줄 생각도 않고 지칠 줄 모르고 뛰어다닌다. 그물에 걸려던 은빛 은어가 파닥거릴 때마다 아이의 환한 미소가 내성천의 햇살만큼이나 눈부시다. 허탕을 치면 실망하는 눈빛으로 아빠에게 반두를 건네 달라고 떼를 쓴다. 그는 한 번만 더 잡아보자고 사정하면서 결코 반두를 아들에게 넘겨주지 않는다. 그이는 한껏 천진난만 행복해 보인다. 둘의 실랑이를 아는지 모르는지 통에 든 은어는 동그란 눈을 치켜뜨고 있다.

작은 통 속에서 은어는 불안한 듯 몸짓을 해댄다. 몸이 길고 납작한 유선형의 몸매에다 뾰족한 주둥이가 예쁜 은어는 연신 입을 뻐끔거린다. 황갈색을 띤 등도 은백색의 배도 햇살에 반짝거린다. 낮에도 별이 보인다면 바로 이런 빛이 아닐까. 몸통 위로는 자를 대고 그은 것처럼 옆줄이 거의 직선으로 나 있다. 지느러미를 빠르게 움직이며 작은 공간에서 몸부림을 치는 양이 생동감이 넘친다. 바라보고 있자니 점점 기분이 들뜬다.

단발머리 초등학교 시절. 매미 울음소리가 귀를 멍하게 하는 여름이면 오빠랑 남동생과 함께 반두와 찌그러진 양은주전자를 들고 냇가로 향했다. 오빠가 냇가 가장자리 풀 사이에 반두를 받치고 있으면 나는 풀숲을 헤치며 물고기를 반두 쪽으로 몰았다. 물고기를 모는 일은 쉽지 않았다. 물풀이 다리에 휘감겨 넘어지기 일쑤고 풀에 종아리가 긁히거나 베여 엄청 쓰라렸다. 유리 조각이나 뾰족한 돌에 찍혀 피가 나기도 했다. 그런데도 나는 맡은 소임에 조금도 소홀하지 않았다. 허탕 칠 때도 있었지만 미꾸라지, 메기, 버들치, 피라미뿐만 아니라 가끔은 물방개도 잡혔다. 반두를 들어 올릴 때마다 동생은 잽싸게 달려와 잡힌 물고기를 주전자에 받았다. 지금 눈앞의 내 아들이 그즈음의 제 외삼촌을 똑 닮았다.

우리는 얼굴이 홍당무처럼 벌겋게 익어서 돌아오곤 했다. 주전자가 묵직할수록 뭔가를 해낸 듯 뿌듯했다. 아버지는 수돗가에서 물고기의 배를 엄지와 검지로 짓눌러 찢어서 내장을 빼냈다. 나는 징그러워 낯을 찡그리기도 했지만, 내장에 섞여 나온 부레를 풍선처럼 터트리며 놀았다. 지독한 놈은 내장이 빠져나가고 비늘이 벗겨져도 꼬리를 파닥이며 살아 있었다. 좀 안타까웠지만, 물고기에게 그리 오래 신경이 쓰이진 않았다.

민물고기 매운탕은 아버지의 막걸리 안주로 제격이었다. 갖은양념을 해서 얼큰하게 끓여내는 어머니의 손맛 또한 일품이었다. 나는 칼칼한 김이 오르는 냄비 옆에 웅크리고 앉아 감자나 호박을 건져 먹었다. 냄비 속의 물고기들이 동그란 눈을 부릅뜨고 쳐다보는 듯해 고기는 감히 손댈 엄두를 내지 못했다. 아마도 여린 마음에 죄책감이 들었나 보았다. 여름이 끝날 즈음이면 우리는 까마귀가 형님 하자고 할 정도로 검둥이가 되어 반들거렸다.

은어 축제장의 분위기는 점점 고조되었다. 처음엔 이리저리 각자 뛰어다니던 사람들이 협동작전으로 나섰다. 반두를 든 무리가 타원형으로 에워싸고 은어를 가운데로 몰았다. 포위망을 점점 좁혀가면서 자기의 반두에 은어가 들어오기를 고대하며 그물이 뚫어지라 쳐다보는 모습이 원시시대 수렵꾼을 방불케 한다. 어디선가 둥둥둥 북소리가 울려퍼지는 듯하다. 운이 좋은 사람의 그물에는 두세 마리의 은어가 걸려든 반면 빈 그물을 들어 올리는 사람들도 있다. 그래도 다들 만선의 어부처럼 얼굴 한가득 웃음꽃이다.

　은어잡이에 몰입해 있는 동안 남편은 사십 중반의 어른이 아니었다. 고향마을의 개울을 첨벙거리며 뛰어다니는 개구쟁이로 돌아가 있었다. 비록 양식해서 풀어놓은 은어지만 이렇게라도 유년을 되돌려 볼 수 있고 자연에 대한 갈증을 풀고 갈 수 있어서 좋다. 그러나 아이들이 자라 어른이 되면 그나마 이런 풍경도 사라지고 말 것이다. 생각날 때마다 찾아와 자연의 아름다운 풍경을 누리고 싶다. 하지만 오래전 우리가 잃어버린 유년처럼 내성천 역시 오늘이 다르고 내일이 다르게 제 모습을 잃어가고 있다.

　내성천에 어둠이 내렸다. 밤하늘에 별들의 축제가 벌어졌다. 사람들은 폭죽놀이로 밤하늘에 수를 놓고 있다. 어쩌면 은어의 추억을 하늘로 쏘아올리고 있는지도 모른다. 그래, 내성천에는 은어도 별이 된다.

그녀, 나의 연인

내가 이렇게 처참한 모습이 될 줄은 상상도 못했다. 몸의 장기란 장기들은 다 들춰졌다. 몸이 이렇게 복잡한 구조로 되어 있는 줄 미처 몰랐다. 백마처럼 쭉 빠진 본래의 모습은 온데간데없다. 나를 자신의 분신처럼 여긴 그녀가 이런 내 모습을 본다면 얼마나 마음 아파할까.

그녀가 원하는 곳이면 나는 언제나 구름 위를 날듯이 다녔다. 그 날도 동인지 교정 작업이 있는 그녀를 태우고 콧노래를 부르며 가고 있었다. 그날따라 신호가 잘 맞아떨어져 더 신나게 달렸다. 삼거리를 20여 미터 놔두고 황색 신호등이 깜빡거렸다. 앞차가 갈 듯 말 듯 망설이더니 급하게 멈췄다. 그녀도 얼결에 브레이크를 밟았다. 나도 멈추려고 있는 힘껏 용을 썼다. 다행히도 앞차와의 거리가 어느 정도 확보되었다. 그녀가 안도의 한숨을 내쉬었다.

그런데 뒤에서 총알같이 달려오는 승용차가 보였다. 갑자기 심장이 쿵쾅거렸다. 나를 들이받을 것 같은 불길한 예감이 들었다. 그 순간 그녀의 몸이 돌처럼 굳어지는 것이 느껴졌다. 그녀는 핸들을 있는 힘껏 잡고, 브레이크에 올린 발에 온 힘을 쏟았다. 브레이크를 밟는 힘이 그렇게 셀 줄이야. 룸미러에 고정되어 있던 그녀의 두 눈이 질끈 감겼다. 그녀와 나는 피할 수 없는 운명에 몸을 맡길 수밖에 없었다.

"콰당!"

전신을 여지없이 강타당하는 동시에 앞차를 된통 들이받았다. 찰나에 샌드위치 교통사고를 당했다. 앞뒤 범퍼가 다 부서지고 트렁크가 밀려들어 가고 내장에서 연기가 술술 올라왔다. 뉴스로만 접하던 삼중 추돌 현장의 당사자가 되고 말았다.

"큰일 났다. 어떡해!"

그녀가 정신을 잃은 것 같았다. 몸이 망가진 충격 때문이지만, 잠시라도 그녀를 잊은 것이 미안했다. 그녀의 의식이 빨리 돌아오기를 간절히 바라는 마음뿐, 어찌해줄 수 없는 자신이 원망스러웠다. 그녀에게 온 정신이 쏠렸다. 뒤차의 운전자인 듯한 남자가 뛰어와서 그녀를 부르며 깨웠다. 다행히도 그녀는 이내 의식이 돌아왔다. 그 남자는 전적으로 자신의 잘못이라며 괜찮으시냐고 거듭 물었다.

어떻게 알았는지 견인차가 일등으로 달려왔다. 곧이어 경찰차가 왔다. 상황을 짐작한 경찰은 내가 폭발할 위험성이 있으니, 모두 빨리 도로 건너편 안전한 곳으로 대피하라고 했다. 어쩔 줄 몰라 하던 그녀도 부축을 받으며 건너갔다. 만신창이가 된 나는 어느새 견인차에 묶여 있었다. 건너편에서 공연히 앉았다가 섰다가 하는 것으로 보아 그녀는 정신이 들락날락하는 것 같았다. 가끔은 눈시울을 닦기도 했다. 달려가서 보듬어주고 싶었지만, 나는 이미 구급차 신세를 지고 있었다.

나는 지금 수술 중이다. 나를 사망 처리하겠느냐는 보험사의 말에 오금이 저렸다. 그녀와 나의 인연이 여기에서 끝이란 말인가. 치료비가 몸값보다 더 많이 나간단다. 나는 완전히 절망했다. 사망 처리가 된다고 해도 어디다 하소연할 능력도 없지 않은가. 그런데 그녀는 보험금 이외의 치료비를 부담하고라도 나를 버리지 않겠다고 했다. 가슴이 뭉클, 훌쩍이며 울 뻔했다. 처음 태어난 그때처럼 감동의 물결이 몰려왔다. "야호!" 몸은 완전히 해체되어 있어도 마음은 그녀 품속에 있는 것처럼 따뜻했다.

처음 그녀를 주인으로 맞을 때가 생각난다. 그녀의 셋째 아이가 태어날 즈음에는 두 자녀나 한 자녀가 대세였다. 세 아이를 데리고 대중교통을 이용하면 "이 아이들이 다 아주머니 아이가 맞느냐?"는 기사들의 말이 그녀의 귀에 딱지로 앉을 정도였다. 참다못한 그녀는 남편과 상의 끝에 나를 맞아들였다. 그때가 1999년 9월 7일.

그녀의 막내아들과 나는 열세 살 동갑이다.

  그녀는 여러 사람에게 내가 없이는 살 수 없을 거라고 말하곤 한다. 그때마다 나는 우쭐한다. 내 심장에 키를 꽂는 순간 그녀의 기분이 어떤지 바로 읽어낸다. 우울한 날이면 더 우울한 음악을 틀고, 즐거운 날은 더 경쾌한 음악을 튼다. 급한 일로 서둘러 가속페달을 밟을 때는 그녀의 흥분도 고스란히 알아챈다. 나를 데리고 저수지를 찾거나 하염없이 달리기만 할 때는 틀림없이 남편하고 무슨 일이 있을 때다. 그런 날에는 혹여 몸에 이상이 있을까, 특별히 조심한다. 내 품에서 책을 읽거나 커피를 마시며 뭔가를 긁적일 때 정말 그녀가 사랑스럽다.

  그녀가 어떤 사정으로 열 살이 넘은 나를 버리지 않는지는 잘 모르겠다. 가끔은 고가품이라도 단박에 사지만, 때로는 몇 백 원 가지고도 이리저리 재는 것으로 보아 매우 알뜰한 사람인 것 같다. 그런데도 내 몸의 이상은 바로 알아채고 즉시 치료를 해주고 정기검진도 거르지 않는다. 그녀의 나에 대한 사랑은 이렇게 거침 없다.

  열세 살이 된 나, 사람으로 치면 일흔 정도의 고령이다. 그녀는 이런 내가 편하고 부담 없고, 정이 들어서 좋단다. 그녀와 함께 할 날이 얼마나 될지 모르지만, 그날까지 안전하게 모시는 것이 나의 소원이다. 며칠 후면 새로 태어나는 기분으로 퇴원할 것 같다. 그녀는 재회의 기쁨에 아름차 6월 녹음 짙은 가로수 길을 신나게 달릴 것이다. 그녀, 나의 연인을 모실 생각만으로도 가슴이 벅차다.

상추

아버지는 아침저녁으로 어린 자식들을 돌보듯 지성을 다해 텃밭의 상추를 가꾸셨다. 길어온 물을 듬뿍 주고도 땡볕에 시들어 버릴까, 앞다툼 속에 녹아내릴까, 뒷짐 한번 지지 않고 돌보던 상추였다. 포도밭에서 뜯어온 상추를 차 속에 오래 두었더니 축 늘어졌다. 시들어 버린 상추를 흐르는 물에 씻는데 잎맥이 고스란히 드러났다. 거죽과 뼈대만 남아 핏줄이 불룩하게 드러난 아버지의 팔뚝 같다. 여럽다.

아버지와 친정 마루에 걸터앉아 두런두런 이야기를 나눴다. 휴대폰에 저장된 가족들 사진도 보여드리고 함께 셀카도 찍으며 열없는 재롱도 피웠다. 아버지는 휴대폰 속의 당신을 들여다보며, 머리카락이 까매서 영감 같지 않다고 불만 아닌 불만이셨다. 하얗게 센 것보다 훨씬 멋있다고 하자, 손사래를 치시는데 팔뚝의 불거진 핏줄이 드러나 보였다. 살이란 살은 다 빠져나가고, 흐물거리는 거죽 밖으로 핏줄이 뚫고 나올 듯했다. 팔뚝을 쓰다듬자 딸의 마음을 읽은 아버지는 "주삿바늘은 잘 들어가겠지."라고 너스레웃음을 지었다. 파릇한 잎을 하나둘 따내고 남은 깡마른 중심은 애꿎은 주삿바늘로 관심을 돌리셨다. 상춧잎 갈긴 자리마다 하얀 진액이 흐르듯 쇠잔한 팔뚝엔 거뭇거뭇한 검버섯이 피어 있었다.

 한때, 저 쇠잔한 팔뚝으로 세상의 모든 것을 끌어다주셨다. 이젠 진이 다 빠진 몸으로 한 생을 내려놓느라 쭉정이 같은 몸조차도 비우고 계신다. 아버지가 열일곱 되던 해에 할아버지가 돌아가셨다고 했다. 외동인 아버지는 가정 경제를 책임져야 하는 의무감에 모든 것을 절제하면서 사셨다. 가족을 위해서 자신을 돌보지 않으신 아버지. 무엇이든지 척척해내는 한국판 맥가이버 아버지. 일거리를 앞에 두고는 못 견디시는 아버지. 낫으로 연필을 깎아주시며 한글에서 구구단뿐만 아니라, 한자까지 가르쳐주신 아버지. 이 세상의 남자는 모두 아버지 같다고 생각했다. 결혼 후 그 환상이 깨지기는 했지만, 나의 중심엔 늘 아버지가 계셨다.

 내가 느낀 최초의 남성성이 아버지라면 이상할까. 유년 시절 들일을 다녀오신 아버지의 넓적한 등판에 찬물 한 바가지를 붓고 등목을 시켜드렸다. 손바닥에 느껴지는 단단한 근육의 느낌은 지금도 잊을 수 없다. 포근한 어머니의 품과는 다른, 넓적한 등판은 언제까지나 나를 지켜줄 듯 듬직했다. 명절 밑에는 아버지께서 목욕을 시켜주셨다. 뻘건 고무대야 안에 앉아 때를 밀어준 손길은 기억에도 없고 목욕하는 내내 부끄러웠다. 아버지와 눈도 못 맞췄던 기억이 목욕탕의 뿌연 수증기처럼 흐릿하게 남아 있다. 코흘리개 계집애는 부모님이 생각하는 것보다 성숙했었나 보다.

아버지께서는 나를 혼내신 적이 없다. 아버지인들 왜 자식들이 눈 밖에 날 일이 없겠는가만 직접 역정을 내지 않았다. 할머니나 어머니를 통해서 훈계하시고 바른길로 인도하셨다. 딱, 한번 오빠를 호되게 혼을 내고는 마시지도 않던 소주를 병째 마시는 것을 보았다. 소주를 마실 때는 화가 진짜 많이 나시거나 속이 엄청나게 상하실 때라는 것을 알았다. 그때 속을 썩인 오빠가 한없이 미웠고 아버지는 측은해 보이기까지 했다. 칭찬할 일이 있을 때도 달리 말씀을 하시지 않으셨다. 빙그레 웃음을 띠면 우린 그것이 최대의 칭찬이라 여겼다.

어머니가 돌아가시고 맞는 어버이날. 다들 직장생활로 바빠 미리 주말에 가족들과 함께 조촐한 축하연을 베풀어드렸다. 어버이날 당일은 혼자 계셔야 했기에 가까이 있는 내가 점심을 챙겨드렸다. 냉면집에 마주 앉았다. 여든네 살의 아버지는 아직도 면류를 좋아하신다. 생전에 어머니는 점심때마다 마른국수나 칼국수, 그도 아니면 라면으로라도 점심을 준비하셨다. 그때는 후루룩 소리를 내시며 짬뽕 곱빼기 정도의 면을 뚝딱 비우셨다. 냉면의 면발이 좀 질긴지 우물거리며 오래 씹는 입가에 자글자글한 주름이 더 도드라져 보였다. 솜씨는 없더라도 아버지께 칼국수를 손수 해드렸어야 했는데 후회스럽다.

요즘은 늘 사는 것이 지겹다고 하신다. 그나마 소일거리로 들일을 하고 계시지만, 온종일 텔레비전이 친구이자 말 상대이다. 노인정에도 할머니만 득실거린다고 가기를 꺼리신다. 가까운 친구분이 모두 유명을 달리하시고 가실 곳도 마땅찮아 집안에서만 계시니 늘 적적해 하신다. 자주 찾아뵙고 드라이브라도 시켜드려야 하는데 살다보니 그것도 여의치 않다. 어버이날 다녀오면서 나 자신과 약속을 한 것이 있다. 한 달에 하루 정도 통째로 시간을 내어 아버지와 데이트를 하기로 맘먹었다. 이 데이트가 오래가야 할 텐데, 그리 많은 날을 주지 않을 것 같아 조급증이 인다.

시든 상추를 물속에 담가두니 파릇파릇 생기가 돈다. 그림자조차 쇠잔해진 아버지는 날이 갈수록 숨죽인 상추가 되어간다. 볼이 불룩하도록 상추쌈을 물고는 내가 아버지를 삼켰을지도 모른다는 생각에 설움이 북받쳐 쌈이 목구멍에 걸린다. 환한 불 밝히고 저녁 만찬을 즐기는 자식들 뒤로 물러선 아버지 방의 불빛은 점점 더 희미해져 간다.

샛강으로 날 보내주오

나는 붉은귀거북의 알이다. 그녀의 화초가 놓인 베란다 구석에서 말라 쪼그라들고 있다. 타원형의 매끈한 본래의 모습은 찾으려야 찾아볼 수도 없다. 점점 희미해져 가는 의식 속에 나의 고향 샛강이 아른거린다. 갈대 사이로 간드러지게 부는 바람, 연잎 부딪치는 소리, 물오리의 노랫소리, 잉어가 일으키는 물살도 그대로 전해진다. 엄마 꽁무니를 쫓아 헤엄을 치다가 등딱지를 말리러 바위나 나뭇가지 위에 돌탑을 쌓듯이 올라앉아, 나른한 오후를 즐기는 모습도 그려진다. 하지만 나는 타국에 볼모로 잡혀간 망국의 후예처럼 이렇게 말라비틀어져 가고 있다.

나는 낙동강의 샛강에서 태어났다. 질펀한 들녘을 가로질러 흐르는 강이다. 겨울이면 큰고니와 청둥오리가 노닐고, 봄이면 흐드러진 벚꽃이며 철쭉이 여유롭게 흐르는 강물과 함께 상춘객을 부른다. 여름에는 홍연과 백연이 너나없이 피어나고, 초가을부터 코스모스, 갈대, 부들이 어우러져 가을 정취 속에 흠뻑 빠져들게 한다. 사철 발길이 끊이지 않는 생태공원이다.

그녀도 샛강을 즐겨 찾았다. 사색과 운동을 즐기는 것 같았다. 샛강은 자주 그녀의 글감에 오르기도 했다. 때론 도시락을 준비해 와서 온종일 머물고 갈 때도 있다. 망연히 하늘을 바라보다가 강물 속을 유심히 관찰하기도 했다. 풍경이나 왜가리에게 카메라 앵글을 맞추기도 했다. 그녀는 샛강에서 쳇바퀴 돌 듯한 일상을 마음먹고 하루쯤 내려놓는 것 같았다.

장마가 시작되었다. 푸른 연잎이 우산을 수없이 펼쳐놓은 듯 샛강을 가득 덮었다. 빗방울에 홍련과 백련은 부끄러운 듯 봉오리를 움츠렸다. 혼자 걷기를 좋아하는 그녀는 그날도 우산을 받쳐 들고 샛강 하류 쪽을 산책 중이었다.

엄마는 사람들이 뜸한 한적한 곳을 찾았다. 산책로에서 조금 벗어난 강둑을 뒷발로 파고 막 나를 낳기 시작할 때였다. 뚜벅뚜벅 발소리가 들리다가 뚝 멈췄다. 엄마가 그녀에게 들키고 만 것이다. 초긴장 상태인 엄마는 눈만 껌뻑거릴 뿐 속수무책이었다. 그때 나는 막 엄마의 자궁을 빠져나와 컴컴한 땅속에서 무서움에 떨고 있었다.

그녀는 뚫어지게 우리를 지켜보았다. 요모조모 뜯어보더니 휴대폰 카메라로 엄마를 모델 삼아 가로로 세로로 찍어댔다. 그리고는 가던 길을 가는 것 같더니 멈칫 되돌아왔다. 우리가 염려되었나 보았다. 발로 살살 밀어서 엄마를 강으로 옮기려 했다. 순간, 땅속 엄마의 꼬리 부분이 덮였던 곳이 드러났다. 뽀얀 알! 나를 발견한 것이다. 그녀는 무척 당황한 듯했다. 참으로 못할 짓을 했다고 여기는 것 같았다. 엄마를 다시 그 구멍에다 밀어 넣었다. "미안하다, 정말 미안하다."라고 연신 혼잣말을 했다. 못내 안심되지 않았는지 여러 번 뒤돌아봤다.

엄마는 큰 충격을 받은 것 같았다. 놀란 나머지 나를 내버려두고 강으로 들어가 버렸다. 세상 밖으로 나오자마자 나는 고아가 되었다. 내리는 빗물을 고스란히 맞을 수밖에 없었다. 한참을 오들오들 떨고 있는데 다시 발소리가 들렸다. 발길이 내 앞에 멈췄다. 그녀였다. 여기저기 살피는 눈치였다. 우리를 찾고 있는 낌새였다. 움직일 수만 있다면 땅속 깊이깊이 숨고 싶었다. 그녀의 눈에 띄고 싶지 않았다. 나를 발견한 듯했다.

그러고도 그녀는 한참이나 주변을 살폈다. 엄마를 찾고 있는 거였다. 그녀는 또 한 번 놀란 눈치였다. "어쩌나, 이를 어쩐다지." 후회하는 빛이 역력했다. 그녀는 한참이나 망설였다. 아마도 나를 어떻게 하면 좋을지 몰라 고민하는 모양이었다. 그녀가 이불처럼 모래로 나를 덮어주고 아주 살살 눌러주었다. 엄마가 생각나 눈물이 찔끔 났다. 비가 와서 어둠이 빨리 내리는 것 같았다. 내 앞날을 생각하자니 답답하고 외롭고 두려웠다.

나의 윗대 어른들은 1970년대 후반부터 애완용이나 방생용으로 북아메리카를 떠나 한국에 왔다. 그때 새로운 환경에 대한 두려움이 이러하지 않았을까. 그런 생각에 잠겨 있는데 발소리가 가까이에서 들렸다. 그녀가 아들을 데리고 왔다. 주변을 살피던 그들은 여기가 맞을 거라며 내가 있는 자리를 파헤쳤다. 공포에 질려서 온몸이 오그라들었다.

아이가 대뜸 언성을 높였다.

"엄마! 왜, 그러셨어요. 빗물에 쓸려가거나 다른 동물의 먹이가 되면 어쩌려고요."

두 사람은 나를 두고 실랑이를 벌였다. 자연 상태에 두는 것이 제일 나은 방법이라는 그녀. 그대로 내버려두어 혹 불상사가 생기면 그 책임을 엄마가 지겠냐는 아이. 둘 다 어지간히 다투었다. 결국, 아이가 나를 그들의 집으로 데리고 온 것이다.

장래 수의사가 꿈인 아이는 나를 부화시켜 볼 요량으로 지성으로 보살펴줬다. 작은 통에 모래를 깔고 가운데다 신주 모시듯 나를 놓았다. 살포시 모래를 덮어주고 수시로 분무기로 물을 뿜어주었다. 추울세라 밤이면 침대 가장자리에 두고 이불로 감싸주고 학교에 갈 때는 이불 속에다 묻어주었다. 마치 포근한 엄마 뱃속처럼 따뜻했다. 뒤늦게 그것을 안 그녀는 아이를 나무라며 나를 베란다

밖으로 내몰았다. 다행히 양지바른 곳에 놓고 분무기로 물을 뿌려주는 바람에 나름대로 호강하고 있다고 착각할 정도였다.

아이는 인터넷을 뒤져가며 최적의 환경 조건을 맞춰주려고 노력했다. 아무리 잘 보살펴주어도 자연 상태만 하겠는가. 날이 갈수록 매끈매끈하던 내 모습은 변해갔다. 몸속에 기포가 생기는가 싶더니 점점 누렇게 변해갔다. 아들은 도저히 자신의 능력으로 안 되겠다 싶었는지, 차츰 관심이 시들해지더니 이제는 거들떠보지도 않았다.

그들 모자가 이야기하는 것을 들은 적이 있다. 청거북으로 널리 알려진 붉은귀거북인 우리 종족이 생태계를 교란하는 야생동물이란다. 전국의 하천과 호수, 연못 등에 종교적 행사로 매년 수십만 마리씩 방생한단다. 그래놓고 우리가 고유 어종뿐만 아니라 각종 알, 수서곤충, 개구리를 포함한 양서류까지 먹어 치우는 포식자라는 덤터기를 씌운다. 저들이 들여와서 저들 손으로 방생하고는 인제 와서 생태계를 파괴하는 대표적인 외래 생물이니. 게다가 잡아 없애려고 하고 있다니 너무 야속하지 않은가.

북아메리카로 보내달라고는 하지 않겠다. 물결 소리 찰방찰방 들리는 낙동강 줄기 샛강으로 날 보내주길 바랄 뿐이다.

이 한 몸 바치오리다

흡연에 관한 한 나는 그의 대선배다. 초등학교 3학년 때였다. 친구랑 뒷집 자두를 몰래 따 먹다가 주인에게 들켰다. 주인이 부모님께 이른다면 혼찌검에 회초리를 피하지 못할 것 같았다. 친구 할머니 방으로 함께 숨어들었는데, 잎담배가 눈에 들어왔다. '에라, 저걸 먹고 차라리 죽자, 그게 낫겠다.' 둘이 앙큼한 생각을 했다. 친구랑 잎담배를 종이에 말아 둘이서 한 모금씩 들이켰다. 훅 빨아 당겼는가 싶었는데 캑캑 헛기침이 마구 나왔다. 목이 타들어 가듯 따갑고 머리가 핑 돌면서 어질어질했다. 이러다 '진짜 죽는 게 아닌가.' 아! 담배는 진짜 독약이었다.

그는 그 독약에 빠져 있다. 깊은 밤, 그는 소리죽여 뒤 베란다로 나간다. 한 손에 독약을 신주 모시듯이 하고 창문을 살짝 연다. 그것을 입에 물고 주머니에서 불씨를 꺼낸다. 치이익 소리와 함께 빨갛고 파란 불꽃이 일어난다. 독약을 불꽃에 갖다 대고 훅, 빨아들이자 시뻘겋게 날을 세운 독약이 그를 삼킬 것 같았다.

　독약을 입에 문 그에게서 반항과 고뇌의 대명사인 제임스 딘을 떠올리는 것은 순전히 나의 착각이다. 그는 그 시절 제임스 딘 나이의 곱절도 더 되지 않는가. 세상 시름을 혼자 다 삼키듯이 연기를 들이켜 입속에 머금었다가 꿀꺽 삼킨다. 연기는 기관지를 돌아서 입과 코로 뿌옇게 나와서 공기 속으로 음흉하게 사라진다. 밤마다 베란다를 들락거리는 반딧불족인 그의 담배 냄새는 지독한 공해요, 혐오스러운 가스다.

　그가 독약을 가까이하게 된 것은 군 복무 중일 때라고 했다. 처음에는 이틀에 한 갑씩 지급되는 담배를 다른 사람에게 주었다. 훈련을 나가서 휴식 시간에 다들 피워대는 데 멀뚱히 있기도 그렇고 호기심에 한 대 두 대 피우다가 배우게 되었다고 한다. 군가에 '한 가치 담배도 나누어 피우고~' 이런 가사도 있다면서 마지막 한 개비는 아버지도 안 드린다는데, 그 한 개비를 나눠 피우는 전우애 어쩌고 하면서 무용담처럼 늘어놓기도 했다.

　새해마다 금연을 결심하는 애연가가 한둘인가. 작심삼일의 공염불이 되기 일쑤다. 끊었다고 해도 끝이 아니다. 대부분이 다시 찾는다. 그들은 금연하는 사람들을 독종이라며 상종도 말아야 한다고 한다. 그만큼 흡연의 중독성이 강하기 때문일 것이다.

　그도 여러 차례 시도했지만, 금연에 번번이 실패였다. 1년 가까이 끊어본 적도 있지만, 스트레스를 이유로 다시 담배를 찾았다. 처음에는 몰래 피우다가 눈치 빠른 내가 알아채고부터는 노골적으로 가까이했다. 차라리 모른 체 했더라면 숨기는 일이 귀찮아서 다시 금연을 시도하지 않았을까. 최근에는 전자담배를 샀다. 곰방대 물고 있는 모양새가 할아버지 같다고 놀렸지만, 금연해 보려고 노력하는 게 대견스러웠다. 회사의 금연교실에 들어 금연 패치를 부착도 하고, 금연 사탕이나 껌을 씹으면서 부단히 애를 썼다. 그런데도 실패의 계속이다. 부디 그의 도전이 여기에서 그치지 않기를 간절히 바랄 뿐이다.

  도움이 될까 하여 흡연 경고 문구를 찾아 프린트해서 몰래 가방에 넣어주기도 했다. 건강칼럼도 스크랩해서 코앞에 들이 밀어봤지만, 소귀에 경 읽기다. 당사자가 아닌 이상 가타부타해 봤자 잔소리에 지나지 않는다. 본인 스스로 결심하기를 고대하면서 기다리기로 작정해 보지만, 그의 입에서 독약이 탈 때 내 애간장도 그만큼 녹아내리는 것 같다.

  세상의 냄새 중에 담배 냄새가 제일 싫다. 특히 그의 담배 냄새는 이상스러운 홀아비 냄새같이 코를 틀어쥐게 한다. 임신했을 때 그 냄새 때문에 입덧이 더 심해져 고생을 하는데도, 그는 그놈의 독약을 끊지 못했으니 말해 무엇 하겠는가.

  흡연자의 설 자리가 점점 줄어들고 있다. 기호 식품이라고 우기는 것도 한계에 봉착된 셈이다. 흡연자가 사회적으로 지탄받는 대상으로 전락한 지 오래다. 그래도 용감한 애연가들은 숨어서 독약을 빨아들인다. 연거푸 두세 개비도 피우는 모양이다. 그들도 '이런 상황에서 내가 이것을 꼭 피워야 하나.' 하고 자괴감이 들지 않을까. 전에는 금연하는 사람을 독종이라 했지만, 이제는 흡연자가 더 독한 사람일지도 모르겠다. 이렇게 열악한 환경에서도 흡연자로 살아남으니 말이다.

금연하고자 스트레스를 받으니, 차라리 피우고 스트레스를 받지 않겠다고 애연가들은 변명한다. 치밀어 오르는 화를 담배 한 개비로 가라앉힐 수 있다거나, 어색한 분위기를 자연스럽게 바꿀 수 있는 매개체가 될 수 있다고도 한다. 하지만 그런 일들이 심신의 건강을 지켜주는 일보다 더 중할까.

잔소리를 싫어하는 그에게 나와 아이들은 한마음으로 오늘도 외친다.

"우리 가족은 당신을 그 무엇과도 바꿀 수 없나이다. 우리의 행복을 위하여 다시 한 번 금연을 결행하신다면, 반드시 성공하시도록 이 한 몸 바치겠나이다."

방귀도 유전일까

결혼한 딸이 4년 만에 쌍둥이를 출산했다. 나는 자동으로 쌍둥이 할머니가 됐다. 이란성 쌍둥이로, 먼저 태어난 손녀가 누나고 일 분 뒤에 태어난 손자가 동생이다. 단태아와 비교해 몸무게도 적고 키도 작지만, 녀석들은 먹성을 타고났다. 특히 손녀는 신생아 때부터 분유를 옹골차게도 빨았다. 숨도 돌리지 않고 뚝딱, 분유를 단숨에 먹어 치운다. 그리고 몸을 꽈배기처럼 뒤트는 기지개를 켜면서, 어른 방귀 뺨치는 방귀를 뽕뽕 뀌어댄다. 옛 어른들이 전하는 말로 젖먹이는 방귀와 함께 엉덩이에 살이 붙는다고 했다. 우리 손녀도 방귀는 내보내고 엉덩이에 살이 통통하게 올랐으면 좋겠다. 손녀의 방귀가 유전이라면, 이 할미로부터 전해진 것일까.

어느 날부터인가 방귀가 늘었다. 냄새도 별로 나지 않는 방귀가 걸을 때마다 피리 소리처럼 궁둥이에서 요란하다. 혹자는 이 소리를 '가죽피리' 소리라고도 한다지만, 이런 피리 소리는 달고 다니고 싶지 않다. 고기나 밀가루 음식 또는 채소를 많이 먹은 날은 특히나 심했다. 유당불내증까지 더해져서 유제품을 먹으면 속에 '구라파전쟁'이 일어나 생우유는 입에도 대지 않는다. 소화 기능을 약하게 타고난 데다 나이가 들수록 대장 기능까지도 민감해졌다. 음식을 조심해서 먹어야 하는데, 늘 입맛만 따라가다가 낭패를 본다.

세월 앞에 장사 없다고, 나이 숫자만큼이나 건강 이상 반응도 늘어간다. 종합검진을 받고 나면, 병명도 다양한 건강 이상 증후군 때문에 우울해진다. 그중에서 고질적인 것이 위염과 과민성 대장염이다. 남들이 보기에는 두루뭉술한 성격인 듯한데, 나 자신에겐 깐깐한 성격이 한몫해 신경성 위염을 달고 산다. 그러다 보니 대장도 예민해져서 내 속은 노상 부글거린다. '남의 편'이란 사람까지 때때로 화를 불러 속 편안한 날이 드물다.

남편은 소리 없는 피식 방귀의 대가다. 한 이불을 덮고 자는 남편은 잠자리에서 예의 없이 가죽피리를 분다. 이불이라도 들추고 뀐다면 그래도 좀 낫다. 이불 속에서 방귀를 뀔 때면, 남편을 이불 밖으로 확 밀쳐버리고 싶다. 아무리 생리적인 현상이라고 하지만, 이불 속에서의 가스 배설은 매너가 한마디로 꽝이다. 투덜거리며 다른 방으로 옮겨 잠을 청하지만, 벌써 잠은 멀리 달아났다. 연애 시절이나 신혼 때는 서로가 방귀를 뀌지 않는다고 여겼다. 차츰 서로에게 익숙해질 무렵부터 방귀를 기침하듯, 재채기하듯, 자연스레 내보냈다. 그야말로 '생리적 현상인데, 뭐 어때!'라는 식이다.

　남편과 방귀 트기는 셋째가 태어난 이후였던 것 같다. 정확한 기억은 없지만, 그즈음부터 자연스레 방귀를 뀌었다. 절친 K는 남편과 아직도 방귀를 트지 않았다고 한다. 생리적 현상을 마음대로 못 한다면, 그 불편을 어떻게 감내할지 의문이다. 나도 대놓고 남편 앞에서 북북 뀌어대는 것은 아니지만, 자연스레 나올 때는 참지 않고 방귀를 뀐다. 특히나 집안일을 하다가 무의식중에 크게 나온 방귀에 내가 놀란 적도 있다. 남편의 반응을 곁눈질로 살피다가 눈이 마주치면, 민망해서 눈길을 돌린다. 방귀를 맘대로 못 뀌어서 뱃속에 가스가 차 있다면, 얼마나 불편하겠는가.

　방귀 중에 오매불망 기다려지는 방귀도 있다. 제왕절개 수술로 쌍둥이를 출산한 딸이 방귀가 나오지 않아서 애를 먹었다. 간호사가 가스를 배출해야만 회복도 빠르고 음식을 먹을 수 있다고 했다. 딸은 수술 받은 지 하루도 지나지 않아 침대에서 일어나려고 무진 애를 썼다. 어미의 도움은 오히려 방해되었다. 스스로 힘겹게 일어나 엉거주춤한 모습으로 링거대를 붙잡고, 방귀를 뀌기 위해 어기적어기적 걷는 산모의 모습을 상상해 보시라. 기다리던 방귀는 야속하게도 나오지 않고, 아픔을 참아가며 한 발 한 발 내딛는 딸을 보면서 줄탁동시가 떠올랐다. 어미가 딸에게 해줄 수 있는 것이라고는 그저 지켜보는 것밖에 없어서 애가 탔다.

잦은방귀로 고민하던 중에 인터넷을 검색하다가 신기한 것을 발견했다. 방귀 냄새를 차단하는 팬티가 출시됐다는 기사였다. 미국의 한 발명가가 개발한 '방귀 차단 팬티'가 해외 네티즌 사이에서 화제란다. 주변 사람들에게 민폐를 끼치는 냄새를 걸러주는 것은 물론이고, 방귀 소리까지 줄여줘 낯 뜨거운 상황을 모면하게 해 인기라고 한다. 이 팬티의 비밀은 가스 배출구 부위를 완벽히 감싸주는 특수 필터(filter)에 있다. 필터를 통과한 방귀는 냄새가 걸러져 방귀를 뀌었다는 사실을 감쪽같이 숨길 수 있다. 이처럼 필터는 먼지나 냄새는 물론이고 곰팡이와 세균까지 걸러내어 공기를 깨끗하게 한단다. 우리나라에서도 직수입되어 시판되고 있다고 하니 호기심에 구미가 당긴다.

서너 달 이상 아랫배가 묵직하고, 갈수록 방귀에 독한 냄새까지 나는 듯했다. 마침 종합검진을 할 기회가 주어졌다. 검사 결과, 직장에 이상이 있다고 대학병원에 갈 것을 권했다. 문제가 심각하다는 생각에 심장이 덜컥 내려앉았다. 내로라하는 대학병원에서 하루라도 빨리 수술 날짜를 받으려니, 그야말로 하늘의 별 따기였다. 기다리는 동안 몸과 마음이 바짝 타들어가는 듯했다. 다행히 수술 결과 악성종양이 아니라 일반 물혹이었다. 십년감수는 이럴 때 하는 말인 것 같다. 방귀가 내 몸이 보내는 신호라는 것을 미련스럽게 알아차리지 못했다. 이번 일은 건강에 대해 자만했던 내게 경종을 울리는 계기였다. 잦은방귀는 멎었지만, 약하게 타고난 소화력과 민감성 대장은 나 스스로 다스려야 할 숙제로 남아 있다.

 새벽 두세 시가 되면 손녀는 잠을 뒤척인다. 이리저리 뒹굴뒹굴하다가, 힘을 주는 소리와 함께 "뿌웅" 방귀를 연거푸 뀐다. 어른 방귀는 '저리 가라'고 할 만큼 독보적이다. 잠결에도 피식 웃음이 난다. 손녀의 경쾌한 방귀 소리를 들으면, 내 속이 다 시원해진다. 방귀 소리만큼 손녀의 속도 편할 것이다. 손녀의 방귀는 유전이 아니라 지극히 생리적인 현상이다. 만화 캐릭터 뽕뽕이처럼 방귀를 뀌면 어떠랴. 건강하고 씩씩하게 자라면 그만인 것을.

함정

　자기가 친 거미줄에 자신이 걸려든 우둔한 거미가 있다. 허물어져 가는 거미집 한 채 앞에 서서 한때 제 먹이였던 잠자리와 운명을 함께한 거미를 본다. 세로줄만 타야 하는 거미 세계의 법칙을 거스르고 가로줄로 발을 헛디딘 거미, 제 무덤 제가 판 꼴이다. 어쩌면 우리네 삶도 스스로 판 함정에 빠진 줄도 모르고 허덕이며 살아가고 있는 것은 아닐까.
　온몸이 도미노 현상을 일으킨다. 발목 접질린 것으로 시작해서 허리 병이 다시 도지고, 사라졌던 이명 증세도 재발이다. 게다가 팔목 관절까지 시큰거려서 무거운 물건을 들 엄두도 못 낸다. 몸이 아프면 마음마저 병든다더니 매사에 의욕 상실이다. 바람잡이처럼 나부대며 두루 만남을 주선하고 다녔는데 그것조차도 심드렁하고 귀찮아진다. 발목을 구실 삼아 어쩌면 스스로 내 발목을 붙잡고 있는지도 모른다. 마치 헛배 부른 늙은 거미의 어설픈 집채가 서둘러

풍화작용 것 같다.
 하산 길에 계단을 헛디뎠다. 두 칸 남은 계단을 한 칸인 줄 착각하고 내딛다가 그대로 꼬꾸라졌다. 발등이 발바닥이 되다시피 해서 앞으로 처박혔다. 순식간에 일어난 일이라 대처할 틈도 없었다. 눈앞에 잔별들이 무수히 부서져 내렸다. 부끄러움은 뒷전이고 등산로에 퍼질러 앉아 오만상을 짓고 있었다. 지나가는 사람들의 호의가 성가셨다. 이대로 그냥 두고 가라고 손사래만 쳤다. 등산이라면 겁 없이 오르고 내리며 자신만만하던 내게 경종을 울리는 듯했다.
 얼마나 지났을까. 나갔던 정신이 돌아왔는지 감각이 살아났다. 오른발은 좌우로 저어도 특별히 이상한 곳은 없는데 왼발은 무디고 얼얼했다. 손바닥에 찰과상만 입고 다른 곳은 멀쩡했다. 차츰 왼발에 아릿한 통증이 심해졌다. 등산객의 부축을 받고 내려와 힘겹게 차에 올랐다. 다행히 오른발은 괜찮아 운전은 할 수 있었다. 깨금발로 정형외과를 들어서니 간호사가 휠체어를 밀고 왔다. 갑자기 중환자가 된 듯했다. 엑스레이를 찍어보더니 뼈에는 이상이 없고 인대가 늘어났다고 한다. 무릎부터 발끝까지 붕대를 감고 나니 진짜로 환자가 되었다.
 훈장처럼 깁스하고 나니 아프다는 핑계도 댈 수 있고, 이참에 남편이나 실컷 부려가면서 안방마님처럼 지내보자고 마음먹었다. 나름 대접받을 일들을 떠올리며 회심의 미소도 지었다. 그게 서투른

잔꾀라고 알게 되기까지 하루도 걸리지 않았다. 엄마는, 아내는, 아파도 철인이 되어 무슨 일이든 척척 다해내야만 했다. 칭칭 감은 붕대로 삼시 세끼 준비는 당연한 일이고, 집안일에 장보기며 도무지 내 손길이 미치지 않으면 제대로 되는 일이 없다. 아니다. 나 스스로가 내가 아니면 안 된다는 아집으로 매사에 나서고, 가족들에게 맡기지 못하는 쓸데없는 책임감 때문이다. 마치 내가 풀어놓은 거미줄이 나를 감아 옥죄는 줄도 모르고 내 함정에 내가 걸려든 꼴이다.

내 발목이 내 일상을 잡고 늘어질 줄 몰랐다. 지금껏 믿음직한 지주목으로 나를 지탱해준 발목에게 고맙다는 말은커녕 불편하다고 투정만 부리고 있다. 깁스한 내내 좁아진 반경 속에서 언제 나아질지도 모르는 발목에 싸한 냄새 풍기는 연고제만 덕지덕지 바르고 있다. 하루라도 집 안에 있으면 발바닥에 가시가 돋을 듯한 내게 다친 발목을 치료했던 기간은 창살 없는 감옥이었다. 차라리 부러졌더라면 입원을 해서 호강하며 지냈을 터인데, 인대가 늘어난 것은 멀쩡하게 보여 대접 못 받고 일은 일대로 해야 하는 신세다. 내가 내 발목을 잡고 눌러앉다보니 살아오며 누구의 발목을 잡고 늘어진 적이 없는지 돌이켜본다.

내가 남편의 발목을 잡은 것은 아닌가. 학창 시절 같은 학원 다녔던 그와 버스정류장에서 우연히 만나 버스비 한번 내주고 엮인

인연으로 지금껏 우려먹고 있다. 하필이면 맞선 보기 전날 만나 은
연중에 그를 끌어들이기 위해 개미귀신처럼 함정을 파놓았는지도
모른다. 그 함정에 그가 걸려들어 내게로 오게끔 원격 조종장치라
도 해놓은 듯 그는 내게로 왔다. 가끔 그는 맞선 본 여인과 결혼했
더라면, 그쪽 부모가 경영하시는 양계장 이어받아 잘 살고 있을 거
라고 얄밉게 빈정거릴 때도 있다.

그는 꼼꼼하고 계획적이며 매사에 허투루 지나가는 법이 없었
다. 오지랖이 넓고 활동적이며 앞뒤 없이 기분파인 아내가 탐탁지
않았을 거다. 그런데다가 글 쓴답시고 이상만 좇으며 뜬구름만 잡
고 있으니 한심할 때가 한두 번이 아니었으리라. 어쩌면 그에게는
순종적이며 가정적인 여성이 더 잘 어울렸을지도 모른다. 경제적
으로 보탬이 되는 일이라고는 별로 못하고 있으니 혼자서 가정을
꾸려나가기가 얼마나 버거웠을까. 나만의 잣대로 이래저래 재다보
니, 나와 결혼한 그가 요즘 와서는 내게 발목 잡힌 것을 후회하고
있지 않을까 의구심이 든다.

사춘기 때도 하지 않은 반항심이 요즈음 들어 발동한다. 그와 흥
정거리 없는 눈치싸움에 익숙해져버렸다. 너를 어떻게 골탕 먹여
줄까. 조율에 급급하다. 모든 것을 탕진해버린 늙은 거미로 전락하
지 않을까 걱정이 앞선다. 갱년기와 겹친 심리적인 갈등 때문이라
며 변명이라도 하고 싶다. 혼자 있는 시간이 많다 보니 지난날을

되새김질하는 습성이 생겼다. 이 일 저 일 떠올려 저울에 올렸다 내렸다 하느라 불면의 밤도 늘었다. 나에게 물음표를 던지고 스스로 대답하고, 정답과 오답들이 오가는 사이에 서서히 실마리가 풀리는 듯했다.

이제 그의 발목에 매어진 끈을 느슨하게 풀어줄 때다. 남편이 최근 명예퇴직 위기에 몰려 전전긍긍할 때도 남의 집 불구경하듯 했다. 가정 경제를 꾸리는 것은 당연히 그의 몫이라고 몰아붙였다. 방관자가 되어 나 몰라라 하며 나만의 생활에 몰두해왔다. 듬성듬성하게 빠진 그의 머리카락과 굵게 패인 이마의 주름을 보노라면 그에게 너무 과중한 책임을 떠맡겨 온 것 같아 미안한 마음에 스스로 움츠러든다. 그가 돌아오는 길목에 늘어진 거미줄을 치고 있는 내가 희미한 가로등 불빛 아래 어른거린다.

늘어난 발목의 인대가 조여지듯, 회오리바람처럼 솟구치는 역마살을 잠재우고 이제 내 삶의 나사도 조여야 하지 않을까. 스쿠터 탄 신문 배달원이 밤새 친 거미줄을 걷으며 빨간 대문을 꺾어 돌아 총총 사라진다.

애프터서비스

 아이들이 불쑥 호박범벅이 먹고 싶단다. '그래! 호박이 있었지.' 지난해 늦가을 친정아버지가 주신 호박을 빈 상자로 방석을 해서 주방 한쪽 탁자 아래에 모셔두고는 까맣게 잊고 있었다. 호박은 노쇠해 가는 뒷방 늙은이처럼 서글픈 모습으로 그 자리에 있었다. 손끝도 들어가지 않는 단단함에다 은은한 윤기마저 품었던 황금 낯빛은 온통 쭈글쭈글 검버섯이 앉았다. 곰팡이에게 내어준 몸은 군데군데 푹 꺼지고 꺼멓게 썩어가고 있었다.
 죄스러운 마음으로 늙음을 열었다. 얼키설키 실핏줄로 꿰맨 속살 속에서 씨앗이 콩나물처럼 길쭉한 새 생명을 틔우고 있었다. 불치병에 걸린 산모가 배 속의 아이를 품고 있는 모습 같았다. 호박은 제 몸이 썩어가는 동안에도 고통을 견디며 어린 싹에 최적의 환경을 만들어주기 위해 온 마음을 쏟았을 것이다. 이집트의 미라처럼 인내와 기다림의 시간으로 다음 생의 부활을 믿으며 버터 왔을

지도 모른다.

  학기가 시작되는 3월이면 벌집을 건드려놓은 듯 정신이 없다. 대학생인 두 딸아이 살림을 내주는 일이 만만찮다. 목록을 표시하며 빠트린 것 없이 준비해서 보냈다고 해도 줄줄이 카카오톡이 날아든다. 어제는 큰아이가 오늘은 작은아이가 빚 독촉을 하듯이 성화다. 사서 쓰면 될 것도 일일이 보내달라고 한다. 귀찮기도 하지만 베이스캠프로써 물자 조달에 차질이 없도록 우체국의 문턱을 수시로 넘나든다. 새끼에게 먹이를 물어 나르는 어미 제비다.

  아이들이 커갈수록 지원할 목록은 늘어만 간다. 금전은 필수 항목이고, 물자지원은 당연한 항목이고, 시간은 덤으로 제공된 항목이다. 거기에다가 사랑과 관심은 태내 장기보험 항목이고, 근심과 걱정은 추가항목으로 가입되어 있다. 가려운 곳은 긁어주고 아픈 곳은 어루만져주고, 부족한 곳은 채워주는 부모의 서비스는 눈감을 때까지 연중무휴 끝이 없다. 주말에 아이들이 다녀간다고 하면 처음에는 아비 어미 동생이 보고 싶은가보다 했다. 천만에, 친구들 실컷 만나고 지칠 때쯤 집은 재충전의 장소일 뿐인 것 같았다. 나도 그랬거늘 서운할 것도 없거니와 당연하다고 생각하며 달랜다.

  차용증서 한 장 안 써주고 받은 부모님의 사랑을 이제 내가 부모가 되어 아이들에게 갚고 있다. 당연, 그 빚은 평생 갚아도 갚지 못할 빚이다. 갚지 않는다고 채권자의 압력이나 압류는 없다. 하지만 그것은 채무자가 몸에서 마음에서 자연스레 우러나오는 것이다. 먼 윗대로부터 할머니에게 어머니에게로 다시 내게, 나는 아이들에게, 아이는 또 그 아이에게 대물림되는 빚이리라. 땅속에 묻혀서도 분명 자식들을 위해 기도할 것이다.

부모님은 SOS를 보낼 때마다 만사를 제치고 달려와 주셨다. 어머니는 손주를 셋이나 낳은 딸의 산후조리를 마다치 않고 정성껏 해주셨다. 고소한 들기름 냄새가 솔솔 나는 미역국을 보면 어머니가 생각난다. 셋째가 태어났을 때는 일흔 가까운 연세로 몸도 쇠약하고 허리가 좋지 않으셨다. 꾸부정한 허리로 아픈 내색 한번 안 하시고 나와 외손자를 보살피셨다. 미역국이 퍼지면 맛이 없다고 끼니마다 새로 끓여 식지 않게 뚝배기에 담아내셨다. 친정 안방에 앉아 노모의 밥상을 받아먹는 내 마음이 편치 않았다.

한 가지 재료로 여러 음식을 해내는 어머니는 요리사 못지않으셨다. 내가 어머니의 손맛을 그대로 물려받았다면 무슨 걱정이겠는가. 아이들에게 보낼 반찬을 하는 것은 예삿일이 아니다. 오래 두어도 변하지 않는 밑반찬으로 하다 보니 늘 그게 그거다. 손수 기른 제철 재료로 한 보따리씩 싸주시던 어머니의 정성에 비할 바가 못 된다. 어린 호박잎을 따서 잎맥 따라 솜털 가시를 벗겨, 손으로 살살 부며 부드럽게 만들어 구수한 된장국을 끓여내던, 그 손맛 주인은 시간의 기억 속으로 떠났다.

어머니는 오로지 자식만을 바라보며 살아오셨다. 맛있는 음식을 드시러 가자고 해도 "됐다." 병원에 모시고 간다고 해도 "더 아프면 데리고 가달라." 늘 "필요 없다." "너희들이나 잘 먹고 잘 살아라."라고 하셨다. 촘촘히 박힌 호박씨 같은 자식들에게 조건 없는 희생을 미덕으로 알고 한뉘를 사셨다. 물기 없는 늦가을 갈대처럼 어머니의 몸에서 서걱대는 언어의 의미를 그때는 몰랐다. 세 아이의 엄마가 되고 보니 이제야 어렴풋하게나마 짐작이 간다.

요즈음 들어 부모 노릇이 참 어렵다는 것을 새삼 느낀다. 아이들이 어릴 때는 잘 먹이고 잘 재우는 기본적인 욕구만 채워주면 만족해 했다. 아이는 커 가는데 부모가 그 성장 발달을 따라가지 못한다면 아이들과의 거리는 멀어질 수밖에 없다. 고등학교 1학년이 된 막내를 가르치려 들면 너무 잘 알고 있으니까 그냥 잘 해낼 거라고 믿고 격려만 해달란다. 아이들이 커갈수록 부모의 사고나 지적 수준도 자식과 함께 성장하고, 경제적 능력도 함께 뒷받침되어야 부모의 역할을 제대로 할 수 있다. 호박도 제 몸이 썩어가면서도 새로운 싹을 틔우는데 하물며 우리네 인생사는 오죽할까.

호박범벅은 아예 물 건너갔다. 봉지에 주섬주섬 썩은 호박을 담으며 고민에 쌓였다. 그냥 버리자니 어린 싹과 새 생명을 틔워 올린 늙은 호박에 대한 도리가 아니다. 시골 가는 길에 가져가서 포도밭 거름 자리 옆에 묻었다. 물이 올라 폭신해진 땅을 톡톡 건드려 본다. 때가 오면 벌들이 붕붕 팔자 춤을 추며 호박, 그 노란 꽃에 깊은 입맞춤을 하리라.

카니발리즘

 새콤이가 낳은 새끼를 보내는 날, 왜 이렇게 추적추적 봄비가 내리는지. 얼굴이 잔뜩 굳은 막내 녀석은 우산을 받쳐 들고 모종삽으로 힘없이 땅을 파고 있다. 그 옆에 쪼그리고 앉아 말없이 아이를 바라보다 내 손의 작은 상자에 눈길이 멎는다. 상자에는 태어나 눈 한번 떠보지 못하고 사흘 만에 죽은 고슴도치 새끼가 들어 있다. 그것도 어미에 의해 얼굴이 뜯겨 처참한 모습으로.
 한 달 전 암컷 고슴도치 새콤이는 월담을 감행했다. 아침에 일어나서 보니 새콤이가 사라졌다. 다섯 마리의 고슴도치들이 돌아가며 가끔 야반도주하기에 집안을 다 뒤져야 하는 수고를 감수해 온 터였다. 집안 곳곳을 다 뒤졌지만 새콤이의 행방은 묘연했다. 야행성이라 낮에는 꼼짝도 안 하고 잠만 자기에 밤까지 기다려보기로 했다. 그러고는 새콤이 바로 옆집인 수컷 고슴도치 듬직이 집을 열어본 순간, 기가 막혀서 벌어진 입에서 헛웃음이 터졌다. 새콤이는 듬직이 옆에서 단잠에 빠져 있었다.

　얌전한 고양이 부뚜막에 먼저 올라간 격이다. 참으로 앙큼스러운 새콤이다. 다섯 마리 중에서 가장 얌전하면서 도도하게 구는 녀석이었다. 다른 놈들은 회갈색의 털에 다리가 짧고 오동통하며 까만 눈동자인 데 반해, 새콤이는 상아색 털에 긴 다리로 늘씬한 데다가 눈동자가 빨갰다. 새콤이는 처음 분양해 올 때 워낙 까다로워 다루기가 힘들었다. 차츰 주인을 알아보면서 순종적이고 사랑을 독차지하는 놈이 됐다. 이런 새콤이의 돌발행동에 다들 의아해했다.

　동물에 관한 한 아는 것이 많은 막내는 날이 갈수록 새콤이의 행동이나 먹는 것이 다른 때랑 다르다고 했다. 임신한 것이 맞는다는 판단을 혼자서 내리고 더 각별히 돌보았다. 그러구러 한 달이 지나고 새콤이는 새끼 한 마리를 출산했다. 듬직이를 닮은 회갈색의 털을 한 아주 앙증맞고 귀여운 녀석이었다. 생명의 탄생에 대한 희열이 온몸에 전율이 일게 했다. 동물을 키우면서 느끼는 행복감이 바로 이럴 때 생기는 게 아닐까.

　새콤이의 모정은 끔찍하게 헌신적이었다. 출산하기 전부터 바닥의 톱밥을 모아 방어벽을 쌓아댔다. 출산 후 새끼의 체온을 유지한다고 잠시도 곁을 떠나지 않았다. 숨죽여 몰래 들여다보는데도 보호 본능으로 털을 바늘같이 세우고 쉭쉭 소리를 내며 위협적인 행동을 했다. 다른 때 같으면 먹이를 줄 때 쏜살같이 달려와 먹곤 했는데 새끼를 품고 젖을 먹인다고 나오지도 않았다. 혹여 새끼에게 해코지를 할까봐 긴장의 끈을 늦추지 않고 전전긍긍하는 모습이 사람 못지않은 모성애를 느끼게 했다.

 짐승도 이러하거늘 자식을 죽음으로 내몬, 도저히 용납할 수 없는 부모의 모습을 뉴스에서 본 적이 있다. 성숙하지 못한 나이에 부모가 되어 낳은 아이를 무책임하게 방치를 했다. 그것도 게임 중독에 빠져서 핏덩이를 굶어죽게 했다니, 같은 부모로서 입에 올리기도 수치스러운 일이다. 내 귀에도 아이의 자지러질 듯한 울음소리가 환청이 되어 들리는 것 같은데, 텔레비전에 비친 그들의 얼굴에는 아무런 감정의 동요도 일어나지 않는 것 같았다.

 동물의 세계에서도 이리 비정할 때가 있는가. 새콤이는 그렇게 애지중지하던 새끼를 사흘 만에 얼굴을 뜯어먹고 죽여 버렸다. 새콤이에게 온 가족의 원망과 질타가 이어졌다. 그러나 알고 보니 그런 비참한 결과가 우리 가족의 자발없는 행동 때문이었다. 새콤이의 출산이 두 번째인지라 첫 번째 출산했을 때와 같이 당연히 새끼를 잘 키울 것이라 여겼다. 우리는 시시때때로 들여다보고 기쁘고 신기해 하며 사진도 찍어댔다. 그뿐인가 산후조리를 시켜준다고 보양식으로 꿈틀대는 생 밀웜을 코앞에 놓아주기도 했다. 그 바람에 초긴장 상태가 된 새콤이는 새끼에게 차마 못할 짓을 한 것이다.

새콤이의 행동은 카니발리즘(cannibalism), 동종포식(同種捕食)이라 할 수 있을 것 같다. 애완동물이 심리적으로 생명의 위협을 느끼거나 과도한 스트레스를 받으면 자신의 새끼를 먹거나 죽여 버리는 현상을 말한다. 특히, 다른 동물보다 모성애가 강한 고슴도치는 새끼들이 자신의 뱃속에서 나온 것을 안다고 한다. 자신이 심리적 고통을 겪으면 '아! 나의 새끼들도 같은 고통을 겪는구나.' 그래서 어미는 뱃속에서 나온 새끼들이 자신의 뱃속으로 도로 들어가면 안전할 것이라고 그렇게 한 것이다. 아무리 그렇더라도 우리 가족에게는 충격이었고 허탈한 기분마저 들었다.

출산의 기미가 보이면 동동촉촉해야 했다. 새끼가 보고 싶더라도 두 주일 정도는 참고 최대한 안정을 취하도록 배려를 해줬어야 했다. 무모한 주인을 만나 새끼를 스스로 죽일 수밖에 없었던 새콤이를 오히려 힐책만 했으니 애완동물을 키울 자격이 없다고 해도 뭐라 변명의 여지가 없다. 새콤이에게도 새끼에게도 미안해 울가망했다.

아들의 눈치를 살폈다. 키우던 동물이 죽으면 늘 가슴 아파하고 눈물 글썽이는 녀석을 더 걱정했다. 너무나도 태연한 얼굴로 먹이를 삼키는 새콤이가 원망스러웠다. 나는 내 새끼 마음 다칠 것만 생각해서 새콤이에게 새끼를 죽이고도 잘도 먹는다고 핀잔을 줬다. 지켜만 보고 있던 딸아이가 말했다.

"그래도 지금 가장 슬픈 건 바로 새콤이야."

순간, 아무렇지 않게 보였던 새콤이의 숨겨진 얼굴이 그려졌다. 내가 한 말을 알아듣지는 못했어도 새콤이는 믿고 따른 주인이 한 말에 얼마나 상처를 받았을까.

말을 못한다고 느끼지 못하는 것은 아닐 것이다. 막내 녀석은 새끼가 들어 있는 상자에 편지를 써서 넣었다. 비록 눈이 없어서 읽지는 못하겠지만 다음 생에 우리 집에 태어난다면 정말로 잘 키워주겠노라는 내용이었다. 녀석의 동물 사랑은 내가 저를 사랑하는 마음보다 더 지극한 것 같다. 나는 진한 감동과 함께 솟는 부끄러움을 살짝 웃음으로 넘겼다. 죽음 앞에 숙연해지는 것은 사람이든 동물이든 매한가지인 것 같다.

이름도 없고, 얼굴도 없는 새콤이 새끼의 작은 무덤을 다독여주듯이 봄비는 곱게도 내린다.

4부

날마다 울어대는 귀

자두나무

　고목에도 어김없이 꽃이 왔습니다. 아지랑이 아롱거리는 봄길 따라 하얀 꽃이 네오내오없이 피어 꽃 잔치가 열렸네요. 덩달아 바빠진 벌들이 꽃의 속살을 간질이며 꿀을 따느라 분주합니다. 지금 꿀벌들을 불러들인 꽃은 자두꽃이랍니다. 몇 년 전까지만 해도 이때부터 아버지의 손길이 바빠질 시기입니다. 손길만이겠습니까. 발길도 거의 이곳에 머물고 마음조차 늘 와계셨지요.

　아버지는 꽃이 많이 오면 많이 오는 대로, 적게 오면 적게 오는 대로 걱정이 많았습니다. 한해 농사의 큰 소득이 그 꽃에 달렸으니까요. 하늘이 내리신 대로 받아야 한다고 체념 아닌 체념을 하면서도 아버지의 마음은 늘 조급했답니다. 자식들 학비 걱정에다 살림도 꾸려가자니 때로는 하늘을 원망하기도 했었지요. 올망졸망하게 열린 자두를 허투루 솎아내지 못해 바장거릴 때마다 줄줄이 딸린 자식들을 떠올렸을지도 모르겠습니다.

튼실한 자두가 열리게 하려면 자식 키우는 일만큼 손이 갑니다. 그중에 가지치기는 잎이 다 떨어진 겨울, 꽃눈이 돋기 전에 해야 합니다. 이듬해에 굵고 실한 자두가 열리는 것에 가지치기가 크게 좌우합니다. 동물의 세계에서 우성인자만 거두는 습성과 같다고 할까요. 아버지는 사다리를 타고 올라가 신중하게 작업을 했습니다. 허리에 톱, 전지가위 등 연장 허리띠를 두른 아버지는 능란한 정원사 같았지요. 우리는 친구들과 놀고 싶어 안달인 마음을 뒤로 한 채, 과수원으로 불려 나가 정원사의 조수가 되어 떨어진 가지를 한곳에 모으는 일을 했습니다. 과수원 일을 거드는 것에 불만이 많았지만, 이 시기면 연중행사로 하는 일이라 여겼지요.

자두나무에 약을 치는 일도 만만찮았습니다. 아버지는 일을 조금이라도 수월하게 해내기 위해서 어린 손이라도 빌려야 했답니다. 세월이 흘러 언니, 오빠들은 객지로 나가고 제가 다음 순서로 자두밭으로 불려 나갔습니다. 위의 형제자매들도 다 거쳐 간 일인데, 혼자만 일을 많이 한다고 투덜대기도 했지요. 아버지는 약 치는 장대를 들고 자두나무 사이로 재게 다니며 약을 치는데, 저는 개신개신 약을 퍼 올렸어요. 입을 뾰로통하게 내밀고 심드렁하게 일을 시작하지만, 얼마 지나지 않아 마음이 느즈러져 아버지의 미쁜 일손이 되곤 했답니다.

한창 자두 수확 시기에는 온 가족이 자두나무에 자두 열리듯 매달렸습니다. 한나절 볕에도 자두는 발갛게 낯빛을 내기에 시간을 다투어야 했어요. 일거리 두고는 마음 편히 앉아계시지 못하는 아버지는 저녁상 차리는 틈에 혼자 자두밭에 가셨다가 큰일을 당한 적이 있었지요. 사다리에서 발을 헛디뎌 미끄러지면서 사다리 고리에 종아리가 걸려 거꾸로 매달렸지 뭡니까. "사람 살려!"라고 외쳤지만 주위에 아무도 없고, 피범벅이 된 상태로 사다리를 붙들고 상체를 일으키며 올라가 겨우 내려왔습니다. 응급실로 실려 간 아버지는 오래도록 병원 신세를 져야 했지요. 그때 자두 농사를 그만두시라고 가족들이 극구 말렸지만, 이듬해에 또 자두나무 아래 앙센 아버지는 바삐 오가셨습니다.

몇 해 전부터 기후 변화로 자두 농사에서 포도 농사로 전환하는 농가가 많아졌습니다. 하지만 아버지는 자두 농사만을 고집하셨지요. 오랜 세월 우리 집안을 먹여 살린 자두나무와의 인연에 미련을 버릴 수 없으셨습니다. 혹여 다른 품종으로 바꾸어 농사를 짓는다고 해도 대를 이어 농사를 짓겠다고 나설 자식도 없습니다. 아버지께서도 노력한 만큼 소득을 올릴 수도 없는 농사에 자식들이 매달리는 것을 원치 않으셨답니다.

말도 많고 탈도 많았던 자두 농사를 아버지는 반 100년을 지어오셨습니다. 보리밭 사이에 처음 자두를 심을 때부터 뿌리내리고, 꽃피우며 열매 맺고 고목이 될 때까지 자두나무에 쏟는 아버지의 정성은 남달랐습니다. 자두나무는 아버지 손길에 자라고 발길에 꽃피우고, 사랑에 열매를 맺어왔습니다. 이렇게 함께 한세월을 미루어보면 자두나무도 아버지의 자식이나 마찬가지입니다. 자두나무도 실한 열매가 맺도록 한껏 가지를 뻗어 햇볕을 끌어당겼을 테고, 힘껏 뿌리를 내려 수액을 끌어올렸을 겁니다. 수확이 좋아서 웃음 지으시는 아버지를 보면 자두나무도 좋아서 가지를 흔들었을 테지요.

자두나무도 이제 생의 막바지가 되었나봅니다. 들리는 얘기로 올 가을이면 자두나무를 다 뽑아낸다고 합니다. 구순 고개를 넘어갈 노인이 손자들 하나라도 더 먹이려고 자두나무 사이로 오가는 모습을 이제는 볼 수 없다고 생각하니 마음이 짠합니다. "할아버지네 자두가 제일 맛나다."고 하던 딸아이가 할아버지 자두를 더는 먹을 수 없다고 생각하니 서운한 마음도 듭니다. 그래도 자두나무는 제 몫을 다했기에 미련이 없을 겁니다. '자두장학금'을 받아가며 장성한 자식들이 이제는 아버지를 편히 모시는 일만 남았습니다.

자두를 가지러 오라는 아버지의 전화를 받고 친정으로 달려가곤 했습니다. 아버지께서 내놓으시는 덜퍽진 자두를 보면 절로 침이 꼴깍 넘어갔지요. 자두를 유난히 좋아했던 저는 먹성 좋을 때 한자리에서 자두 한 바가지를 거뜬히 먹어 치웠답니다. 노랗고 발그레 낯빛 좋은 자두 하나 골라 바지춤에 쓱쓱 문질러 와삭! 베어 물었지요. 새콤달콤한 맛이 잠자고 있는 혀의 돌기들을 죄다 깨웠답니다. 아버지는 제가 깨물어 먹는 것만 보시고도 저보다 더 몸사레를 치셨지요. "아버지, 힘드신데 이걸 뭐 하러 따셨어요. 그러다 다치시면 어쩌시려고요." 남들이 들으면 괜한 소리로 들리겠지만 아버지는 딸의 마음을 충분히 헤아리고도 남습니다.

  올해도 아버지 자두밭에 자두꽃이 피었지요. 하지만 예전만 못합니다. 세월을 비껴갈 수 없는 것은 사람만이 아닌 것 같습니다. 아버지의 붓고 틀어진 무릎 관절처럼 자두나무 가지들도 울퉁불퉁하고 썩어 부러진 걸 보니, 흘러간 삶의 시곗바늘이 고스란히 녹아 있습니다. 아버지 종아리에 불어터진 라면처럼 솟은 핏줄이 구불거립니다. 그 위에 비닐막 같은 살갗으로 드러난 얽히고설킨 흉터가 눈가를 적시게 합니다. 한 가정을 먹여 살린 억척스러운 종아리입니다. 흉터투성이인 종아리에 핀 거뭇한 검버섯이 하얀 자두꽃으로 어른거립니다.

날마다 울어대는 귀

달팽이관 이상으로 근 두 달째 된통 앓고 있다. 몸의 균형이 어긋나면 정신이 감기에 걸리는 걸까. 정신이 오리무중이라 몸에 감기가 드는 걸까. 몸이 불편하면 수치심도 줄어드는지, 날마다 울어대는 귀 때문에 반 푼수가 되어 간다.

소리란 소리는 다 내게로 빨려든다. 쏴아 파도 소리였다가 윙윙 모깃소리가 들리는가 하면, 다른 날은 찌이잉 기계 돌아가는 소리가 들렸다가 쿵쿵쿵 심장 박동 소리가 귀속으로 파고들기도 한다. 하루 쉬는 날인가 싶으면 그냥 먹먹하게 머릿속이 솜으로 가득 찬 듯하다. 발바닥이 바닥에서 붕 떠 있는 느낌이 들 때도 있다. 심지어 내가 한 말의 꼬리를 놓치기까지 한다. 정신을 어디에다 뒀는지 모를 노릇이다. 공황장애 초기라는 진단까지 받았다. "참나, 귀가 막히고 코가 막힌다, 그지요?" 어느 코미디 프로의 단골 논평처럼 지금 내가 '멘붕' 그야말로 멘탈 붕괴 상태다.

몸 상태가 좋지 않으니 정신도 나약하게 되는 것 같다. 소리가 잘 들리지 않아 TV 볼륨이 높아지고, 상대의 말을 잘못 알아듣고 되물을 때가 여러 번이다. 머릿속이 웅웅거려 여럿이 있는 장소까지 꺼려졌다. 사람 만나 어울리기 좋아하고 한 잔의 술도 즐기는 내가 대인기피증이 걸릴 정도였다. 거울을 보면 늘 활발하고 자신만만한 예전의 내 모습이 아니었다. 양미간을 찡그리고 눈에는 초점이 없어보였다. 보조개 지으며 웃던 입꼬리가 축 처져 있다. 이러다가 우울증이 올지도 모른다는 불안감에 휩싸이기도 했다.

 혹여 난청이 된다면, 진짜로 들리지 않는다면, 어떻게 살아가야 하나. 별별 상상을 다 하게 됐다. 그 와중에 언어치료학과에 다니는 아이가 수화를 배웠다면서 가르쳐줬다. 수화지화라고 손가락으로 자음과 모음을 연결해서 언어를 구사하는 방법인데 쉽지 않았다. 잠깐 수화를 배웠다고 장애인의 고충을 안다고 할 수 없지만, 장애인의 답답한 마음을 조금이나마 알겠다. 청력을 잃은 베토벤이 의지와 집념으로 불후의 명곡인 「운명」교향곡을 남겼다. 혹, 나도 불후의 명작을 낳기 위한 몸으로부터의 용트림이 시작되고 있는 것인가. 아니다, 불후의 명작 한 보따리를 싸다 준대도 사절하겠다.

 '보름날 이른 아침에 청주 한잔을 데우지 않고 마시면 귀가 밝아진다.'라고 『동국세시기(東國歲時記)』에 쓰여 있다. 이 술을 이명주(耳明酒), '귀밝이술'이라 한다. 이 술을 마시면 귀가 밝아질 뿐만 아니라 귓병에 걸리지 않고 1년 동안 좋은 소식을 듣게 된다고 한다. 어릴 적 정월 대보름날이면 할머니께서 주시는 귀밝이술을 눈살 찡그려가면서 혀끝으로만 맛을 보곤 했었다. 귀를 앓다 보니 혹여 그 술을 억지로라도 마셨더라면 하는 아쉬움이 들었다.

이상 조짐이 보였을 때 미리 조치해야 했다. 차가운 바람이 불면 왼쪽 귓속이 시리고 아렸다. 이명이 시작되기 전에도 가끔 머리를 감고 나면 귀속이 먹먹하고 머릿속이 울렸다. 귀에 물이 들어가서 그렇겠지 하고 면봉으로 물을 닦아내고 버려뒀다. 하루아침에 갑자기 아픈 건 아닌 것 같다. 이러다 말겠지 하고 차일피일 미루고 대수롭지 않게 여긴 나의 잘못이었다.

"넌, 참 바쁘잖아." 친구들이나 지인들이 툭하면 내게 그렇게 말했다. 하루의 일정을 빡빡하게 짜놓고 거기에 맞추려고 늘 종종거렸다. 다 못해 내면 스트레스 받고 짜증이 나고 그것 때문에 찜찜한 마음을 내려놓기가 힘들었다. 그러다보니 속병도 자주 도졌다. 한 내과의가 한 말이 생각났다. 왜 이리 바쁘냐고, 마음은 바쁜데 몸이 안 따라 주는 날이 올 것이라 했다. 올 것이 오고야 말았다. 체력에도 한계가 있다. 오지게 앓다 보니 안달복달한 나날이 다 부질없이 여겨졌다.

그러려니 하는 마음이 절로 생겼다. 산을 올라도 예전에는 날 앞질러 가는 사람이 있으면 용납을 못했다. 무작정 따라잡아야 했다. 이삼십 대도 아니면서 마음만 앞서서 그런 것으로도 스트레스 받아온 자신이 한심스럽다. 이제는 누가 앞서가든지 말든지 신경 쓰는 것을 의식적으로 관두었다. 차츰 산을 즐기면서 오르게 됐다. 작은 돌멩이 하나에도 눈길이 머물고 벌레 먹어 구멍 난 이파리 하나에도 애착이 갔다. 바람이 내 귓불을 훑고 지나가는 감미로움도 느끼게 됐다. 이렇듯 이제는 여유를 즐기며 느리게 살고 싶다.

치타슬로(Cittaslow)라고도 하는 슬로시티, '느리게 살자'는 뜻이 담겨 있다. 공해 없는 자연 속에서 그 지역에 나는 음식을 먹고, 그 지역의 문화를 공유하며, 자유로운 옛날의 농경시대로 돌아가자는 '느림의 삶'을 추구하는 국제운동이다. 아이들에게도 '빨리빨리'란 말을 달고 살았다. 느림의 미학을 몰랐던 젊음의 혈기 탓이기도 했겠지만, 하루하루가 경쟁의 사회이고 앞서지 않으면 뒤처지고 만다는 의식이 자리 잡고 있었다. 그래서 매사에 아이들을 닦달하며 살아온 것 같다. 현대를 살아가는 아이들에게 가끔이라도 자연환경과 인간이 조화를 이루는 여유로운 행복을 찾게 해주고 싶다.

그동안 바깥에서 들려오는 소리에 너무 과민반응을 하면서 살아왔다. 이렇게 귓병을 앓는 것도 외부 소리에 신경 쓰지 말고 내면의 소리에 귀 기울이라는 묵시인지도 모른다. 어쨌든 나름 내가 할 수 있는 모든 노력을 할 테니까, 날마다 울어대는 이명을 거두어 가달라. 내가 알고 있는 모든 신에게 매달려볼 참이다.

육아 필살기

친정엄마가 무슨 큰 죄를 지은 게 분명하다. 시집간 딸을 둔 엄마들은 자식이 끙끙거릴 때마다 만사 제쳐두고 달려간다. 최근 친정언니도 할머니 육아의 길로 들어섰다. 잘 다니던 직장을 하루아침에 그만두고 손녀를 육아하기 위해 지방에서 서울로 올라갔다. 어떻게 돌아가는 세상인지 자기 자식을 부모가 책임지지 못하는 사회가 되었다.

국가에서 아이 돌봄 서비스니, 맘시터니 많은 복지정책을 내놓지만, 썩 내켜하지 않는다. 예전 내 아이를 키울 때는 친정엄마가 산후조리만 해주면, 부모가 어떻게든 자식을 책임지고 키웠다. 지금 같이 맞벌이를 하지 않고, 남편의 홑벌이로도 먹고 살 수 있었다. GDP가 올라가고 경제가 성장한다고 해도 육아에 대해서는 특별한 묘책이 없다. 내 피붙이에게 내 아이를 맡기는 것이 가장 안심이 되고 편하기 때문이다.

'내가 쌍둥이 할머니가 될 줄이야!' 꿈에도 생각지 못한 일이 벌어졌다. 결혼한 딸이 우여곡절 끝에 쌍둥이를 임신했다. 임신 기간 내내 쌍둥이 손주가 태어난다는 사실이 믿기지 않았다. 하루빨리 손주들을 안아보고 싶은 마음만 고무풍선처럼 부풀어 올랐다. 결혼 4년 만에 딸이 쌍둥이를 출산하자, 나는 자동으로 쌍둥이 할머니가 됐다. 이란성 쌍둥이로 먼저 태어난 손녀가 누나고, 일 분 뒤에 태어난 손자가 동생이다. 신생아실 창으로 꼬물거리는 신통방통한 녀석들을 바라볼 때까지는 마냥 행복에 겨웠다.

친구들 모임에서 큰소리치면서 내가 한 말이 있다. 나는 절대 손주들 육아에는 손을 대지 않는다. 저희 아기는 저희가 키워야 한다는 것이 나의 지론이었다. "손주들을 돌봐주는 낙으로 살아가지 뭐!"라는 친구에게 "왜 그러냐! 사서 고생하려고 하냐?" 손주 키우다가 팍삭 늙어서 진짜 할머니 된다고 핍박을 줬다. 그런데 내가 스스로 딸의 집으로 아니, 사위의 집으로 아니다, 쌍둥이네로 들어가서 육아를 전담하게 되었다. 내가 한 말을 내가 고스란히 뒤집어쓴 격이 돼버렸다. 딸이 쌍둥이를 분만하지 않았더라도, 평소의 지론대로 했을지도 의문이다.

피할 수 없는 육아 필살기가 시작되었다. 출산 후 5일간 병원에서 보내고, 2주간 산후조리원에 있을 때까지는 평화로운 일상이었다. 조리원을 퇴소하는 날부터 육아의 전쟁이 시작되었다. 조리원 입구에서 내 품에 안긴 손녀는 새털같이 가벼웠다. 강보에 아기가 들어 있는지 의심스러울 정도였다. 겨우 2kg을 넘긴 손주들은 다행히도 건강해 인큐베이터 신세는 지지 않았다. 조리원을 퇴소하자마자 소아청소년과에서 한바탕 난동이 일어났다. B형 간염 예방

접종을 하고 자지러지듯 울면서 나오는 손녀를 사위에게서 건네받자마자 갑자기 울음을 멈췄다. 사위는 안도의 목소리로 "장모님께 가니까 아이가 울음을 멈추네요." 했는데, 품에 안은 손녀를 내려다보니 몸이 새파랗게 굳어져 숨을 쉬지 않았다. 미친 듯이 의사에게 달려가는데, 손녀가 숨통이 트였는지 다시 세차게 울었다. "후유!" 십년감수는 이럴 때 하는 게 맞는 거였다. 강보에 싸인 녀석들이 날아갈세라 품에 껴안고 집으로 돌아오는 순간부터 난리를 방불케 했다.

  새로운 환경에 온 녀석들은 이유도 없이 칭얼거렸다. 기저귀를 갈아도, 분유를 먹여도, 안아주어도, 새파랗게 넘어갈 정도로 울었다. 세 아이를 육아한 엄마로 나름대로 육아에는 자신이 있었지만, 한꺼번에 두 녀석이 넘어갈 듯 울어버리니까 혼이 다 빠졌다. 녀석들은 울 만큼 울다가 스스로 지치면 언제 그랬냐는 듯 잠이 들었다. 신생아의 하루는 먹고, 자고, 싸고, 우는 것이 전부다. 그런데 한 녀석이 아니라 두 녀석이 번갈아가면서 일어나는 일이라, 어른 셋이서 역부족이었다. 급기야 산후조리사를 불렀지만, 밤낮이 바뀐 두 녀석 덕분에 어른들도 낮이 따로 없고 밤이 따로 없었다. 하루에 한 시간도 제대로 푹 자지 못했다. 밥을 한자리에 먹는 것은 엄두도 못 냈다. 차려놓은 밥도 제때 못 먹어서 식은 밥을 먹기 일쑤였다. 종일 세탁기와 건조기는 쉴 틈도 없이 돌아갔다.

쌍둥이를 분만한 딸은 몸조리도 제대로 못하고, 시간이 날 때마다 아이에게 먹이려고 유축기로 젖을 짜냈다. 한 방울이라도 더 짜내어 자식들에게 먹이려고 애쓰는 모습이 안타까웠다. 이런 딸의 모습을 보니까 돌아가신 친정엄마가 생각나 가슴이 먹먹했다. 친정엄마는 딸이 젖몸살을 앓으면서 손주에게 젖을 먹이려고 애쓰는 모습을 보다 못해, 아버지께 자전거 타고 약국에 가서 젖 삭히는 약을 사오라고 하셨다. 내 젖은 함몰 유두라서 젖이 불으면 더 함몰되어서 아기가 빨지를 못했다. 그래서 나는 세 아이를 키우면서 젖을 제대로 한번 물려보지도 못했다. 그런데 딸은 제 엄마를 닮지 않아서 다행이다. 딸이 제 자식에게 모유를 먹이기 위해 극진한 모성으로 젖을 짜내는 모습이 대견하고도 숭고해 보였다.

쌍둥이 육아에는 어른의 손이 있는 대로 필요했다. 그런데 사위가 갑작스레 미국으로 한 달간 출장을 가게 되었다. 주말이면 사돈이 올라와 손주들을 봐주기에 집으로 갈 수 있었는데, 이제 딸집에 한 달을 붙박이로 지내야 했다. 그렇게라도 집에 다녀오면 숨통이 트였는데, 꼼짝달싹 못하는 신세가 되었다. 그런데 엎친 데 덮치는 일이 생겼다. 며칠 전부터 피곤하다는 말을 입에 달고 있던 딸이 시름시름 앓아누웠다. 고열에 배가 아파서 허리를 펴도 못하는 상황에서 딸을 보호자도 없이 혼자 병원에 보냈다. 딸은 피로가 누적되어 염증 수치가 정상치의 몇 백 이상이나 되어 병원에 가던 길로 바로 입원했다. 염증 수치가 내려갈 때까지 병원에서 약물치료와 주사치료를 병행해야만 했다. 급기야 사돈도 며느리집으로 올라와 양 사돈이 쌍둥이 육아에 돌입했다. 손녀는 내가, 손자는 사돈이 떠맡아서 아이들을 돌봤다. 어쩔 수 없는 상황에서 서로가 불편하다는 생각을 떠올릴 여유도 없었다. 고아 아닌 고아가 된 쌍둥이들은 다행히도 보채지 않고 잘 지내주었다.

둘째 딸이 결혼한 지 6개월이 지났다. 아직 2세에 대해 구체적인 계획이 없는데도 입버릇처럼 저희가 아이를 낳으면 "엄마가 1년은 키워줘야 한다."라고 세뇌를 시킨다. 급기야는 저희가 사는 서울 근교로 이사를 오라고 종용까지 한다. 40년 가까이 뿌리내리고 살아온 곳을 뒤로 한 채 올라갈 수 있을까. 백이면 백 이렇게 해서 상경한 부모들은 다 후회를 한다고 한다. 손주들 돌보는 일은 몇 해로 마무리된다. 병들고 지친 노부부만 타지에 쓸쓸히 남아서 자식바라기를 하는 모습이 눈에 선하다. 지방에서 살고 있다면 그래도 소일거리라도 있다. 오래된 이웃들과 내 집처럼 드나들며 노후를 함께 보낼 수 있다. 아무리 부모와 친자식 관계라도 멀리 떨어져 있어야 애달파지는 게 아닐까.

요즘 젊은이들을 두고 'N포세대'라고 한다. 다시 말해 연애 · 결혼 · 출산 · 자가 매입뿐만 아니라 인간관계까지 수많은 것을 포기해야 살아남을 수 있단다. 'N포세대'의 어두운 그림자가 기성세대를 씁쓸하게 한다. 집집이 서른 후반을 넘기고 사십이 되도록 출가하지 않은 자식 때문에 한숨을 내쉬는 중년이 늘고 있다. 그들이 왜 그럴까? 언론매체에 따르면 시대가 하 수상하니 혼자서 살기에도 버거운데, 가정을 이룬다는 것에 자신 없다고 한다. 그럼에도 불구하고 우리 집 딸들은 일찍 출가해서 얼마나 고마운 일인가! 아이를 낳지 않겠다지 않고, 아이를 돌봐달라고 예약하고 있으니 말이다. 이왕 할머니 육아의 길로 들어섰으니, 딸들아! 육아는 걱정하지 말고 손자·손녀들을 힘껏 낳아주렴.

아기는 낳아놓으면 금방 큰다더니 쌍둥이가 벌써 첫돌이 지났다. 손주들이 봄볕에 아장아장 걷는 모습을 상상하는 것만으로도 입꼬리가 올라간다. 할머니의 품에서 새근새근 잠든 녀석들의 숨결이 봄기운처럼 따사롭다.

공작선인장

아무런 미련도 없는 듯 툭, 떨어졌다. 단 하루만 피었다가 축 처진 젖가슴처럼 져버리는 꽃이 애틋하다. 꽃 떨어진 베란다 바닥이 물기에 닿자 핏빛으로 번진다. 한때의 부귀영화를 전설로 남기고 쇠잔해버린 로마제국의 비애 같은 꽃의 주검, 뇌출혈로 하루아침에 생을 놓아버린 일흔여덟 어머니의 검붉은 피 토한 자리 같다. 마음의 감정선에 얹어놓은 누름돌이 제 노릇을 못하는지 울컥, 목이 멘다.

생전, 어머니는 화초 가꾸는 일에 정성을 아끼지 않았다. 시들시들한 화초도 당신의 손길만 닿으면 성장촉진제이라도 먹은 듯 파릇하게 생기가 돌았다. 알아듣지도 못하는 화초에게 두런두런 말을 건네며 갓난아이 다루듯 어르고 달랬다. 당신의 사랑을 먹고 자란 화초는 사계절을 마치 순번 정한 듯 피고지기를 반복하며 화단을 장식했다. 화초와 마음을 주고받던 어머니의 모습이 봄날이면 유난히 아지랑이 오르듯 눈가에 아른거린다.
 친정 나들이길이면 골목 어귀부터 어머니가 가꾼 꽃들이 먼저 나와 반겼다. 이제는 당신이 떠난 길 따라가듯 화초들도 하나둘 사라지고 있다. 담장 옆에는 깨지고 금 간 빈 토분들만 누구의 손길을 기다리며 웅크리고 있다. 당신의 손때 묻은 흔적이 지워져 가는 친정은 이제 오빠와 올케의 집이 되어가고 있다. 여든일곱의 아버지께서 친정을 지키고 계시기에 희미하게나마 어머니의 잔상을 그릴 수 있을 뿐이다. 하지만 내 몸속에 흐르는 어머니의 아로새겨진 정은 가슴속 깊이 뿌리내려 봄 햇살을 받은 화초처럼 봉곳봉곳 피어나고 있다. 내 아이에게까지 이어져 사랑이라는 꽃으로 곱게 자라고 있다.
 내가 꽃을 사랑하는 어머니의 유전자를 고스란히 받았나보다. 우리 집 베란다에도 사철 내내 꽃들이 난분분할 정도로 다녀간다. 당신이 그랬듯이 틈만 나면 나도 꽃삽 들고 꽃을 심고 옮기고 작은 물뿌리개로 물을 뿌려준다. 베란다에 나가면 그리운 얼굴들을 마주하듯 꽃들에게 눈을 맞추고 이름 불러주기 바쁘다. 이런 모습이 생전 어머니 모습과 점점 닮아가고 있는 것 같아 살짝 미소가 지어진다. 내 속에 잠재된 당신의 수많은 인자 중에 가장 평온한 모습이 화초를 가꿀 때였다. 어느새 당신의 치맛자락 붙들고 종종걸음으로 따라다니며 귀찮게 했던 어린 날의 철부지가 되어 있다.

외며느리였던 어머니는 매사에 순종적이셨다. 강파른 홀시어머니의 시집살이를 옴팡지게 받아들여야만 했다. 다섯 남매의 뒷바라지며, 손자들 뒷시중까지 드느라 일흔을 훌쩍 넘긴 연세에도 동네 마실 한번 제대로 나서본 적이 없었다. 당신이 화초를 가꾸는 일은 각다분한 집안일에 지친 심신을 잠시나마 내려놓는 휴식의 장소였다. 당신은 이 삶에서 소소한 행복으로 평생을 사셨지만, 딸이 바라보는 어머니의 삶은 안타까움이었다. 겉으로 드러내지 못한 불만이 몸속 가시로 자라 자신을 찌르는 줄도 모르고 살아왔으니, 피고름 되어 터질 만도 했으리라. 아직은 세상을 저버리기엔 이른 연세에 당신은 자연의 순리에 순응하듯 홀연히 떠났다.

공작선인장은 생전에 어머니가 무척이나 아끼는 화초였다. 돌아가시기 전에 나에게 나눠주셨다. 선인장이란 그냥 두기만 해도 잘 자라는 것이려니 미련만 대면서 다른 화초 돌볼 때 물을 뿌려주는 것이 그 선인장에 대한 최대의 관심이었다. 그러던 선인장이 제발 저에게도 관심을 가져달라는 듯 꽃봉오리를 맺었다. 날마다 이름을 불러주고 눈을 맞추며 사랑을 쏟았더니 이레 만에 드디어 꽃의 문이 활짝 열렸다. 캄캄한 밤에 연등을 밝힌 듯 베란다가 환해졌다. 덩달아 내 얼굴에도 함박꽃이 피었다.

어머니 돌아가시고 꿈속에서도 얼굴 한번 보여주지 않으시더니 나눠주신 그 꽃으로 나를 보러 오셨나보다. 딱 한 송이 꽃을 피워

올리기까지 3년이란 세월이 흘렀다. 꽃을 한참이나 물끄러미 들여다본다. 꽃잎으로 꽃받침을 한 듯 이중으로 펴진 분홍의 꽃 속에 암술이 여러 가닥으로 나와 있고, 수술은 길게 뻗어 끝부분이 또 하나의 작은 꽃처럼 갈라져 앙증맞다. 공작선인장의 동그랗게 벌어진 꽃잎 속에 복사꽃 얼굴로 우리를 맞는 당신의 생전 모습이 고스란히 들어 있다. 앙증맞은 수술은 목젖까지 드러내며 웃으시는 환한 웃음을 그대로 닮았다. 오남매는 어머니의 햇살 같은 웃음 아래 별 성장통 없이 자라나 이제는 어머니의 십 분의 일만큼이라도 닮은 부모가 되려고 애쓰고 있다.

 3년 만에 어렵사리 한 송이 피어올리고는 야속하게도 단, 하루 만에 시들어 버린단 말인가. 생전 어머니를 보듯 오래도록 보고 싶은 간절한 마음을 아는지 모르는지, 꽃은 제 갈 길을 가듯 꽃잎을 제 품속으로 말없이 거둬들였다. 어머니가 먼 길 떠나실 때 한마디 말씀도 남기지 않고 떠난 그날이 떠오른다. 목줄까지 올라오는 울음보를 꾹 눌러 삼키려했지만 이미 늦어버렸다. 마음이 생리하는 날처럼 차오르는 울음주머니를 터트리고 말았다. 실컷 쏟아내니 오히려 속이 후련해지는 것 같았다.

 하필 어버이날을 즈음해서 꽃을 피운단 말인가. 어버이날인데도 카네이션 달아드릴 당신은 계시지 않았다. 무릎 꿇고 떨어진 꽃을 들어올린다. 혹여 당신의 체취를 맡을 수 있을까, 코를 대고 킁킁

댄다. 어머니의 품으로 파고든 단발머리 계집아이가 붉은 카네이션을 달아드리고 있다. 보일 듯 말 듯 계집아이를 내려다보는 어머니의 미소 띤 모습이 얼핏 보였다 사라진다.
  어머니는 내게 피고 지는 순리를 가르쳐주러 꽃으로 잠시 오셨나 보다. 한번 가신 어머니는 다시 오실 리 없지만, 봄이면 공작선인장 꽃으로 나를 보러 올 것이다. 내년, 내후년에도, 그 이후로도 공작선인장 꽃은 피고 지고 피고 지고.

보이스 피싱

 '보이스 피싱(Voice Phishing)', 전화 금융사기의 피해가 날로 늘어나고 있다. Voice는 음성이란 뜻이고, Phishing은 낚시를 뜻하는 fishing에서 발음이 같도록 변형한 신조어이다. 우리말로 직역한다면 '전화 목소리로 하는 낚시질'이라고 할 수 있다. 그 낚시질에 내 가정이 걸려들었다. TV나 신문에서 보던 개인정보 유출의 심각함을 온몸으로 겪었다.
 지난여름의 일이다. 너무나 어처구니가 없고 경악스러워 그때의 일을 생각하면 온몸에 소름이 돋는다. "네 딸이 납치됐다." 꿈에서라도 듣고 싶지 않은 어둠의 목소리. 1년이 지난 지금도 그 일만 생각하면 내 심장은 마구 방망이질을 쳐댄다.
 운동을 다녀와서 막 샤워를 하고 나오는데 집 전화벨이 울렸다. 무심결에 전화를 받았다. 상대편에서 조금 머뭇거리는 듯했다. 나는 "여보세요."라고 한 번 더 말을 했다. 그래도 응답이 없어 끊으려는 순간, 어눌한 목소리가 들려왔다.

"여보세요, 호민이네 맞죠?"

딸아이 이름은 효민이인데 발음이 정확하지 않은 굵은 남성의 음성이 들렸다. 좀 의아해 하며 효민이집이 맞는데. 누구시냐고 되물어 봤다. 그랬더니 상대편에서 또 말을 늘어뜨리며 혀 짧은 목소리로

"아, 우리가 호민이를 데리고 있어. 우리 동생들한테 두들겨 맞아서 너무 놀라 심하게 우는 바람에 정신이 오락가락하니 엄마가 좀 진정을 시켜 줘야겠는데…."

온몸의 피가 머리로 쏠리는 듯했다. 등줄기가 섬뜩해지며 소름이 쫙 돋았다. 침이 마르고 혀가 오그라들었다. 더듬거리며 무슨 소리냐고, 내 딸은 지금 학교에 갔다고 하자, 자기들이 학교에 가서 데리고 왔다고 했다. 일단 딸과 통화를 해보라며 전화를 바꾸어 주었다.

전화기 너머에서 울음 섞인 여자아이의 목소리가 들렸다.

"엄마! 무서워…. 엄마! 구해줘…."

흐느끼는 목소리에 놀란 나머지 내 딸의 목소리인지 아닌지 의심할 여지가 없었다. 피가 거꾸로 솟고, 머리카락은 쭈뼛쭈뼛 서고 심장은 쿵쾅거렸다. 머릿속이 하얗게 되었다. 순간, '호랑이굴에 들어가도 정신만 차리면 살 수 있다'라는 생각이 떠올랐다. 정

신을 가다듬고 너의 엄마 이름이 뭐냐고 물었다. 전화 속의 아이는 울음 섞인 목소리로 나의 이름을 정확하게 말을 했다. 심장이 멎는 것 같았다. 그쪽에서 내 이름을 몰라서 머뭇거리거나 당황해주기를 바라던 내 기대가 여지없이 무너졌다. 이젠 내 딸을 살려야겠다는 생각밖에 들지 않았다.

어눌한 목소리의 남자가 전화를 빼앗는 듯했다. 너무 당혹스러워 눈물도 나지 않았다. 벌벌 떨리는 목소리로 제발 내 딸을 살려달라고 애걸복걸을 했다. 요구하는 건 무엇이든지 다 들어줄 테니 내 딸 목숨만 살려달라고 무릎을 꿇고 간곡하게 말했다. 한 번만 더 딸의 목소리를 듣게 해달하고 애원했건만 그놈은 콧방귀도 뀌지 않고 요구 사항을 말했다.

텔레뱅킹이 되느냐고 물었다. 시간을 벌어야겠다는 생각이 들었다. 텔레뱅킹은 할 수 없으니 송금을 해주겠다며 계좌번호를 불러달랬다. 그 남자가 은행 가서 현금지급기 앞에서 다시 통화하자고 했다. 허튼짓하면 네 딸을 두 번 다시 볼 수 없을 것이라며 협박을 했다. 내 휴대폰 번호를 불러주려는데 번호가 기억이 나지 않았다. 정신을 가다듬고 떠듬떠듬 불러줬다.

'어떻게 해야 하지? 은행으로 가야 하나. 남편에게 전화해야 하나.' 아! 이 일이 악몽이라면 얼마나 좋겠냐는 생각을 하는 순간, 정신이 번쩍! 들었다. 영화 「밀양」이 생각났다. 그 영화를 보면서 아이가 납치되었을 때는 무조건 경찰서에 신고를 먼저 해야겠다는 생각을 했었다. 112를 누르는데 손가락이 떨려서 제대로 번호를 누르지도 못했다. 세 번 만에 신호가 갔다. 몇 번이 울렸는데도 전화를 받지 않았다. '아니 대한민국 경찰서 전화가 한 번만 울려도 통화가 되어야지.' 발이 절로 동동 굴러졌다. 몇 초의 순간이 몇 시간처럼 느껴졌다.

"어머니, 사기 전화입니다. 진정하세요. 요즘 이런 사기극이 한두 건이 아닙니다. 우선 학생이 학교에 있는지 확인부터 하세요."

벌벌 떨면서 상황을 신고하는 나와 달리 경찰관의 목소리는 너무나 침착했다. 내 언성은 더 높아져가고 있었다. 경찰과 통화를 하는 순간에도 내 휴대전화로는 얼굴 없는 범죄자의 전화가 걸려오고 있었다.

"정말, 정말로 사기극 맞나요? 예? 예?"

재차 확인했다. 다행스럽게 딸아이와 통화가 됐다. 수업 중에 전화하는 일이 없는데 갑작스러운 전화에 딸은 놀라했다. 대충 얘기를 들은 딸은 "엄마 걱정 마. 나 학교 잘 있어."라며 나를 안심시켰다.

딸의 목소리를 듣고 나자, 온몸의 경직된 신경들이 풀어졌다. 스르르 바닥으로 쓰러졌다. 손발이 저리고 눈물이 줄줄 흘렀다. 뒤늦게 연락을 받은 남편이 회사에서 정신없이 달려왔다. 둘째 아이와 막내의 안부까지 확인한 후 안심하는 눈치였다. 남편도 놀랐지만, 워낙 내가 기진맥진해 있으니 진정제도 사오고 온몸을 마사지하며 안심을 시켜줬다. 그래도 벌렁거리는 가슴은 좀체 가라앉지 않았고 눈물은 마르지 않았다.

그 일이 있고 난 뒤, 내 딸은 부모의 관심 아닌 감시에 노이로제 걸리지 않았을까. 딸아이는 어디에 가든지 잘 있다고 보고를 해야 하고, 나는 나대로 연락이 되지 않으면 수단과 방법을 가리지 않고 딸을 찾았다. 잠을 자다가도 내 딸이 잘 자고 있는지 확인을 해봐야 안심이 되었다. 그리고 잠이 들면 꿈속에서 또다시 내 딸이 납치된 악몽에 시달렸다. 땀에 흠뻑 젖은 몸으로 화들짝 깨어난 적이 한두 번이 아니었다. 한동안 병원에서 치료도 받았다. 그런데도 전화벨이 울릴 때마다 가슴이 벌렁거렸다. 궁여지책이지만 모르는 번호일 때는 전화를 아예 받지 않았다.

아이를 미끼로 가정의 행복을 빼앗는 이 사기범들은 주로 중국이나 대만인이다. 현지에 조직들이 콜센터를 만들고 조선족을 고용하여 불법적인 경로를 통해 입수한 한국인의 개인정보를 가지고 범죄를 저지르고 있다. 대책을 마련해야 할 방송통신위원회나 금융 당국도 보이스 피싱을 차단할 구체적 방안을 제시하지 못하고 있다고 한다.

별다른 기술적 대책이나 대안이 없으니 그저 본인이 조심하고 주의를 기울이는 수밖에 방법이 없다. 개인의 노력이 예방책 전부가 될 수밖에 없다니 보이스 피싱을 막을 수 있는 근본적인 대책은 정말로 없는 것일까.

곶감 도둑

 감나무도 해거리하는가보다. 작년에는 나무가 부러질 정도로 감이 열렸는데, 올해는 수확이 적다. 당연히 우리 집까지 올 감은 없다. 다행히 아버지께서 곶감을 만드실 만큼은 열렸다. 빨랫줄의 곶감을 만지작대다가 옥상까지 키가 훌쩍 커서 올라온 감나무를 본다. 이 감나무의 나이는 나보다 많다. 감나무를 기억하는 내 첫 기억 속에서도 담 너머로 주렁주렁 달린 감을 보았으니까.
 아버지는 옥상 빨랫줄에다 곶감을 매달아두셨다. 군침이 고이며 절로 곶감에 손이 간다. 매달아놓은 지 얼마 되지 않은 듯하다. 주황빛에서 갈색이 돌고 수분이 조금 빠져나가 말랑한 감촉이 좋다. 눈치 볼 것도 없이 하나를 뚝 떼어 반을 가른다. 달콤한 향이 감돈다. 몇 번 우물거리지도 않았는데 목구멍이 앗아갔다. 게눈 감추듯이 하나를 뚝딱해버렸다.
 올해는 추석이 일렀다. 한낮은 아직 한여름을 방불케 했다. 제사

용품을 장만하는데 고민이 이만저만이 아니었다. 추석에 맞춰 추수하기엔 무리였다. 햇밤은 구할 수도 없고 대추도 쪼글쪼글한 묵은 대추뿐이었다. 사과나 배도 명절을 쇠기 위해 일찍 거둬들여 맛과 때깔을 갖춘 것은 찾기 힘들었다. 그중 감은 더욱 그랬다. 그렇다고 키위나 멜론 등 수입 과일을 제수로 장만하기에는 영 마뜩찮았다.

푸르뎅뎅한 땡감을 앞에 놓고 고민에 빠졌다. 예전 같으면 땡감을 미지근한 소금물에 삭혀 침시를 만들기도 했다. 이것을 사들이자니 볼썽도 좋지 않거니와 맛도 나지 않은 것을 구색만 갖추는 것 같아 내키지 않았다. 제대로 익은 단감이라면 붉은 주황빛이 돌며 코끝에 대면 단내가 솔솔 나야 했다. 내키지 않는 감을 들고 보니 풋내가 나는 듯했다. 그래도 차례상에 감이 빠져서 될 일이 아니었다. 재래시장 여러 곳을 뒤진 결과 조금 살구색이 도는 감을 구할 수 있었다. 그래도 성이 차지 않아 곶감을 여기저기 찾아다녔다. 감도 덜 익은 판국에 곶감이 있을 리 만무했다. 묵은 것뿐이었다. 그럴수록 하얀 분이 나는 우리 할머니 곶감이 눈앞에 선했다.

지금처럼 주전부리가 많지 않은 학창 시절, 한창 클 시기인 오빠와 나는 금방 밥을 먹고도 어디 먹을 게 없냐며 껄떡거렸다. 출출해지는 늦가을 밤이면 오빠랑 나는 도둑고양이가 되었다. 마당의 빨랫줄에 달린 곶감이 표적이었다. 초저녁잠이 많으신 할머니가 빨리 주무시기를 고대했다. 낮에는 햇볕을 쬐게 곶감을 그냥 두다가 저녁이면 서리를 맞는다고 비닐로 덮어두셨다

우리는 부스럭 소리가 나지 않게 극도로 긴장을 했다. 괜히 고양이 소리도 내어보고 헛기침도 해댔다. 망을 보는 내내 콩닥거리는 심장 소리가 할머니께 들릴까봐 조바심을 냈다. 오빠는 대범하게 거사를 잘해냈다. 하룻밤에 두세 개 이상은 손을 대지 않았다. 혹여 개수가 많이 비면 들통이 날 수 있으니까. 그야말로 고수들만이 할 수 있는 완전범죄였다. 두 사람이 한 조가 된 범행은 곶감이 익어가는 동안 밤마다 이어졌다.

그때 먹던 곶감의 맛은 지금도 잊을 수가 없다. 반을 가르지도 않고 말랑말랑한 껍질을 붕어빵 주둥이 베어 물듯이 한입 먹으면 달짝지근한 즙이 입안으로 쏘옥 빨려 들어왔다. 씨를 둘러싼 미끄덩한 부위를 발라먹는 맛도 기가 막혔다. 흔적을 남기지 않으려고 씨앗이랑 꼭지는 담 너머로 던져버리거나 그도 여의치 않을 때는 장롱 밑 깊숙한 곳으로 튕겨 넣었다. 그리고 둘이서 마주 보며 회심의 미소를 지었다.

다음날 할머니는 비닐을 걷고 빨랫줄에 간격을 맞춰서 곶감을 내어널었다. 그리고 매일 곶감의 개수를 세는 것이었다. 간이 쪼그라들었다. 그때만 해도 할머니는 호랑이 할머니로 소문이 날 정도로 무서우셨다. 우리의 범죄가 발각되는 날에는 할머니의 따끔한

회초리를 피할 수가 없었다. 할머니가 곶감을 세는 동안 우리는 그 곁을 얼씬거리면서 수가 헷갈리게 이것저것 여쭤봤다. 다행히도 할머니는 모르는지 알고도 모르는 체하는지 곶감의 개수만 확인하시고 지나가셨다.

서리가 내리는 늦가을이 되면 곶감이 적당히 말랐다. 할머니의 머리카락에 서리가 앉듯이 곶감에도 하얀 서리가 앉았다. 예전에는 곶감의 표면이 왜 하얗게 되는지도 몰랐다. 단지 쫀득하며 달달한 맛에 하나라도 더 내 몫을 챙기기에 눈이 번득였다. 어른이 되어서야 그 하얀 가루가 감의 당분이 밖으로 배어 나와서 하얗게 변한 것을 알았다. 흰 가루가 배어 나온 곶감 맛에 남매는 밤도둑이 되어 가을밤이 깊어가는 줄도 몰랐다.

작년 담 너머에 있는 감나무 한 그루에 감이 잘 되었다고 아버지께서 감을 주셨다. 얼추 백여 개가 되었다. 남편은 감을 깎고 나는 실에 매달아서 베란다 빨래걸이에 달았다. 베란다로 들어오는 가을빛에 날이 갈수록 곶감의 형태를 내었다. 아이들에게 곶감을 서리한 이야기를 하며 먹어보라고 했지만, 이야기에만 관심을 보일 뿐 곶감 맛에는 별 반응이 없었다. "뭐 이런 맛." 시큰둥했다. 어쩌랴, 자라온 시대나 환경이 다르니 당연히 입맛도 다른 것을. 내 입맛에 맞는 곶감이 다 내 몫이 된다는 것에 흡족할 수밖에.

희한하게 우리 집 곶감은 하얀 분이 나지 않았다. 아버지 곶감에는 어김없이 하얀 분이 생겨 더 먹음직스러워 보였다. 알고 보니 기온이 맞지 않는 아파트 베란다에서 말리니 하얀 분이 생길 리가 없다. 다행히 냉장실에 넣어두면 하얀 분이 생긴다고 해서 넣어뒀지만, 아버지의 곶감 같지 않았다. 곶감을 만드는데도 통풍이 잘되고 빛이 제대로 들어오는 자연 상태가 최적의 조건이라는 것을 새삼 알았다.

이젠 친정에 와도 오래도록 익숙하게 남아 있는 것들이 차츰 사라지고 없다. 감나무도 굵고 오래된 가지는 썩고 부러지고 볼품이 없어져 가고 있다. 가느다란 새 가지가 올라오고 있지만, 머지않아 이 감나무도 수명을 다할 것이다. 하지만, 내 기억 저장고 속의 곶감 도둑은 나날이 진화하고 있다.

돼지 잡는 날

매년 휴가철이면 기르던 돼지를 잡는다. 돼지한테는 야속하지만, 우리 식구는 잔칫날 같이 들뜨고 흥분한다. 돼지를 살찌운 것에 한몫했다고 저마다 목소리를 드높인다. 돼지저금통을 거실 한가운데로 내려놓는다. 집안이 꽉 찬 느낌이다. 한 손으로 들기도 버거운 것을 남편이 뒤집는다. 살아 있는 돼지라면 '꽤액!' 소리를 지르며 발버둥치고 난리를 부렸을 텐데 처러럭 쇳소리만 날 뿐이다.

남편은 수술을 집도하는 의사처럼 신중하다. 대단한 의식이라도 참관하는 것처럼 한 곳에 고정된 식구들의 눈빛이 예사롭지 않다. 돼지의 배를 겨누고 있는 그의 손에 힘이 들어가는 순간 식구들의 숨소리가 들숨에서 멈춘다. 불현듯 어린 날 앞마당에서 고래고래 고함을 지르던 돼지의 울음소리가 귓전에 맴돈다.

유년 시절 돼지를 파는 날, 돼지의 고함에 집이 다 날아갈 듯했다. 온갖 음식 찌꺼기를 먹어치우며 무럭무럭 자란 돼지가 백 근이 족히 넘으면 아버지는 돼지 장수를 불렀다. 우리에서 마당으로 내몰린 돼지는 무슨 눈치를 챈 듯했다. 꿀꿀거리며 먹이를 찾던 소리가 평소와는 다르게 잔뜩 겁먹은 소리로 들렸다. 눈은 휘둥그레지고 입에는 거품을 물고, 큰 콧구멍으로 연신 콧바람을 뿜어댔다.

돼지 장수는 노련했다. 그는 밧줄 올가미로 돼지의 앞다리를 날렵하게 옭아맸다. 그는 옭아맨 밧줄을 힘껏 당겨 육중한 돼지를 단박에 뒤집어버렸다. 순식간에 앞다리를 밧줄로 꽁꽁 묶고 무릎으로 돼지의 배를 짓누른 다음 뒷다리마저 삽시간에 묶었다. 신들린 사람처럼 무아지경에 빠진 그의 손놀림을 바라보며 내 몸도 바르르 떨렸다. 마치 내가 돼지처럼 꽁꽁 묶이는 것 같았다.

근수를 달아야 했다. 움쩍달싹 못하는 돼지의 묶인 다리 사이에 굵고 긴 막대기를 끼웠다. 어른 두 분이 낑낑거리며 돼지를 메고 있는 사이에 돼지 장수와 아버지는 돼지의 근수를 쟀다. 두 분 사이에 약간의 실랑이가 오가기도 했다. 근수의 차이에 따라 돼지의 가격이 달라지기 때문이다. 매달린 돼지는 눈을 치켜뜨고 죽으라고 연신 소리를 질러댔다. 그러다가 생똥을 싸기도 했다. 돼지가 내는 온몸의 언어였다. 돼지가 팔려나가고 빈 우리를 볼 때마다 똥을 싸대며 발악을 하던 돼지의 치켜뜬 눈이 오래 지워지지 않았다. 돼지와 바꾼 돈은 고스란히 우리 형제들의 학비가 되었으니 우리는 돼지장학생인 셈이다.

돼지저금통은 진통도 없이 수백 개의 동전을 출산한다. 식구들은 와르르 쏟아지는 동전을 보며 벌어진 입을 다물지 못한다. 만원권 지폐에서 10원짜리 동전, 거기에다 외국 동전까지 거실 바닥에 작은 오름이 생긴다. 드디어 과일을 선별하듯 동전을 분류한다. 아이들이 돈에 눈독을 들인다. 남편의 감시하는 눈길이 바쁘다. 그도 그럴 것이 돼지저금통의 90%는 남편의 주머니에서 나온 돈이다. 서로의 눈을 피해 엉덩이 밑으로 슬쩍해 보지만 금방 들통이 나고 만다.

"왜 이 돈이 남의 엉덩이 밑에 있는 거야?"

아이들의 능청이 거실을 한바탕 웃음바다로 만든다. 스무 해를 거슬러 그와 내가 첫 돼지를 잡던 때가 떠오른다.

처녀총각 시절 처음으로 그의 집에 갔다. 둘이서 마땅히 할 일도 없고 멀뚱히 있던 그가 책상 위에 놓여 있던 돼지저금통을 들고 왔다. "이놈 한번 잡아보자." 괜히 방안을 두리번거리던 그의 얼굴에 환한 미소가 지어졌다. 돼지저금통으로 고정된 두 사람의 눈길에 묘한 감정이 돌았다. 방바닥에다 붉은 돼지를 뒤집어놓고 칼로 배를 쭈욱 갈랐다. 돼지저금통이 쏟아낸 동전들 속으로 우리의 어색함이 묻혔다. 둘이서 동전을 분류하며 머리를 맞대고 있기만 해도 참 달콤했다.

돈 자루를 쥐고 함께 은행에 갔다. 지폐로 바꿔 나오면서 그가 느닷없이 금은방으로 향했다. 얼떨결에 나는 금목걸이를 선물 받았다. 사양할 겨를도 없었다. 눈빛만 오갔을 뿐, 고맙다고 말하는 것 자체가 부끄러워 말도 못했다. 목걸이에 달린 자그마한 펜던트만 만지작거렸다. 내가 그에게, 그가 나에게 또 다른 의미로 다가온 것 같았다.

그 후로 몇 마리째던가. 이 돈으로 뭘 한다지? 498,050원. 매년 돼지저금통을 잡아서는 아이들 저금통장으로 들어갔었다. 이번에는 아이들의 의견이 분분하다. 통장으로만 들어간다고 불만을 토해낸다. 휴가 비용으로 쓰자. 사람 수 대로 나누자. 휴가 기간 내내 맛있는 외식을 하자. 각각 제 목청을 돋운다. 나는 애들 보기에 조금 부끄러웠지만, 나에게만은 특별히 선물을 사달라고 아양을 부리듯 말했다.

"그때는 선물 줄 사람이 당신밖에 없었지만, 지금은 너무 많네요."

빈정대는 듯 들리지만, 남편의 목소리에 행복이 가득 묻어났다. 나는 입은 삐죽거리면서도 눈가에 핀 웃음꽃은 감출 수가 없다.

그 돈은 늦둥이 막내의 저금통장으로 고스란히 들어갔다. 불만은 많았지만 다들 토를 달지 않는다. 그가 술을 한잔하고 온 날이면 가끔 큰애들에게 아빠가 나이 들어 경제력이 없으면 너희들이 막내를 책임져야 한다고 해왔다. 큰애들은 왜 우리가 책임을 져야 하냐고 반박을 하지만 조금은 이해를 하는 것 같기도 하다. 예나 지금이나 돼지는 곧 돈이고 쓰임새는 다르지 않은 것 같다.

티끌 모아 태산. 이항복 선생이 매일 쇳조각을 주워 모아 연장을 만들 수 있게 한 것에서 일컬어진 말이라 한다. 아주 작은 것이라도 쌓이고 쌓이면 산처럼 거대해진다는 것을 아이들의 불어나는 통장에서 실감한다. 요즈음은 거리에 10원짜리나 50원짜리 동전이 떨어져 있어도 줍는 사람이 거의 없다고 한다. 우리 집만 해도 동전이 책상 위나 서랍장 안, 싱크대 등 여기저기 굴러다닌다. 다행스럽게도 그는 눈에 띄는 대로 돼지저금통에 동전을 집어넣는다.

마트에서 귀엽고 앙증맞은 돼지 세 마리를 사 왔다. 아이들에게 이 녀석들을 통통하게 살찌워보라고 할 참이다. 그는 동전을 출산한 돼지저금통을 실리콘으로 봉합해서 재사용한다. 그러는 그가 내심 든든하다. 돼지 잡는 날은 20년을 이어온 연례행사다. 어느새 우리 집 전통이 되었다. 돼지 잡는 날은 한 해 동안 키운 행복을 따는 날이다.

소통과 불통 사이

그녀를 알게 된 것은 새 아파트로 입주를 하고 나서부터다. 아이들이 전학한 학교의 학부모 모임에서도 함께 활동하다보니 자연스레 가깝게 되었다. 게다가 그녀와 나는 동향이라는 이유로 끈끈한 정으로 이어졌다. 두 부부가 함께 저녁 식사도 하고 여행을 갈 정도로 친하게 지냈다.

어느 날 그녀가 거절할 수 없는 부탁을 했다. 내 차를 함께 타고 그녀 남편을 미행하는 일이었다. 평소에도 그녀가 남편 이야기를 퉁명스럽게 내뱉었기에 내심 석연찮았다. 내키지 않았지만 무슨 사연이 있길래 미행까지 하려는 걸까, 궁금증이 일었다. 그녀와 나는 큰 임무를 수행하는 사람처럼 차에 시동을 걸고, 아파트 입구에서 남편이 나오길 기다렸다. 어쩌다 영문도 모르는 작전에 말려들어 007 영화의 요원이 된 기분이었다.

그녀의 신호를 기다리며 나는 두근거리는 가슴을 쓸어내렸다.

몇 대의 차가 나오고 들어가기를 반복했다. 노란 유치원 버스가 아파트 입구에 정차하고, 병아리 같은 아이들이 내려 엄마 품으로 파고들었다. 이어 회색 제네시스가 나오고, 연두색 마티즈가 아파트를 빠져나왔다. 우리가 타고 있는 차를 지나는 순간, "달려요! 빨리 따라잡아요!" 그녀의 지령이 떨어졌다. 나는 브레이크에 올렸던 발을 가속페달로 옮기고 냅다 달렸다.

조수석의 그녀는 최대한 몸을 수그리고 "좀 더 좀 더 따라잡아요." 나름 애를 쓰고 있는 나를 다그쳤다. 마티즈가 사거리 신호등 앞에서 직진 선에 섰다가 갑자기 오른쪽으로 방향을 틀었다. 마티즈는 물 위에 뜬 기름처럼 어디에 섞일지 몰라 갈팡질팡했다. 나도 급하게 1차선에서 2차선으로 차선을 바꿨다. 마티즈가 가는 방향으로 핸들을 이리저리 돌려가며 충직한 요원이 되어가고 있었다. 조수석에 앉은 그녀는 임무 수행에 불붙은 상관처럼 "빨리, 빨리!"만 외쳐 댔다. 손바닥에 땀이 흥건해지고 핸들을 잡은 손이 자꾸 미끄러졌다.

그녀의 남편이 타고 있는 연두색 마티즈는 브레이크가 없는 차 같았다. 눈앞에서 놓치기를 여러 번, 대로를 빠져나간 마티즈는 두 번째 골목을 돌아 세븐일레븐 편의점을 지나 인력시장 간판을 꺾어 돌았다. 나는 찰거머리처럼 따라붙어 후미진 주차장으로 들어서는 연두색 마티즈를 따라잡았다. 마티즈와 거리를 두고 여차하면 또 달려 나갈 자세로 긴장을 늦추지 않았다. 마치 007 영화 속의 주인공이라도 되는 양 스파이를 따라잡는 기분이었다. 이런 아슬아슬한 상황에서 묘하게도 내가 스릴을 즐기고 있다니 아이러니다.

차에서 내린 그녀의 남편은 낡은 서류 가방을 옆구리에 끼고, 담배를 뻑뻑 피우며 이리저리 살폈다. 나는 뭔 큰 잘못을 저지른 것처럼 차양 가리개를 내리고, 몸을 움츠려 운전대 쪽으로 바투 붙었다. 눈에 띄면 큰일이라도 날 것 같은 불안감이 덮쳤다. 그녀의 남편은 고개를 떨어뜨리고 뭔가에 쫓기듯 급하게 담배를 피워댔다. 꽁초를 손가락으로 튕겨내고 가래침을 퉤퉤 뱉더니 편의점 2층 하늘소풍 피시방으로 들어갔다. 그녀는 차 속에서 눈만 빼꼼 내놓고 남편을 뚫어지게 지켜보고 있었다. 그녀가 푹푹 내쉬는 한숨에 전염된 듯 나도 가슴이 답답해지며 한숨이 연신 나왔.

그녀는 남편이 자폐증 증세가 있다는 것을 결혼 후에 알았다고 했다. 남편이 어릴 적에 친엄마는 스스로 세상을 달리했고, 새엄마 손에서 눈칫밥을 먹고 자랐단다. 새엄마의 이유 없는 폭행을 당해 온 남편은 한쪽 귀가 들리지 않는다고 했다. 그녀는 남편이 남의 말에, 특히 자기의 말에 귀 기울이는 법이 없다고 했다. 최근에 남편은 회사에서 명예퇴직을 강요당하고 매일 컴퓨터게임으로 하루를 시작해서 게임으로 하루하루를 마무리한단다. 집에서만 게임을 하다가 어느 날부터는 피시방을 전전하며 밤을 새운다고 했다.

남편이 직장에 다닐 때도 부부 사이엔 넘지 못할 장벽이 있었는데, 퇴직 후엔 하루하루가 캄캄한 터널 속에서 헤매는 느낌이랬다. 어떻게 헤쳐 나갈지 모르겠다고 답답한 심정을 풀어놨다.

남편을 혼자만의 세계에 갇힌 채 어른이 된 아이라고 했다. 한쪽 말만 듣고 섣불리 누구 편을 들 수 없는 일이지만, 최대한 그녀 편에서 두남뒀다. 신혼 때처럼 알콩달콩 살아가는 부부가 어디 있겠냐마는 이들 부부는 대화의 물꼬가 꽉 막혀 있는 듯했다. 어쩌다 서로가 보고 싶은 것만 보고, 듣고 싶은 것만 듣는 사이가 됐는지 모를 일이다. 자기중심적인 사고로 상대를 대하려니 서로 어긋날 수밖에 없게 보였다. 그날 이후 그녀와 데면데면 지내다가 그녀가 다른 지역으로 이사를 하면서 소식이 끊겼다. 그러고 몇 해가 흘러 그녀가 다시 나타났다.

뭔가 할 말이 있는 듯한데, 그녀는 횡설수설 다른 이야기만 늘어놓았다. 겉모습은 잔잔하게 보이면서도 내면의 술렁임이 느껴졌다. 한두 잔의 술잔이 오가고 속내를 털어놨다. 남편이 이 세상 사람이 아니라고 했다. 그녀는 담담하면서도 냉혹할 만큼 절제된 감정으로 이야기를 했다. 이사를 할 때 남편과 결국은 헤어져 남남으로 살았단다. 남편이 회사 동료와 술자리 중에 실랑이가 벌어졌는데, 뇌에 치명적인 타격을 입어 유명을 달리했다고 했다. 회사 동료가 술 마시고 운전하려는 남편을 말리다가 일어난 일이라는데,

만약에 남편이 동료의 말을 들었더라면…. 그녀는 다른 사람의 말을 듣지 않은 남편의 잘못을 운운했다.
  그녀의 이야기를 들으면서 마음이 휘휘했다. 뭐라고 위로의 말을 전했는지 기억이 가물가물하다. 이렇게 그녀는 비운의 남편 소식을 전하고 떠나갔다. 가끔 뜬금없이 문자나 전화로 자신의 이야기만 일방적으로 늘어놓았다. 얼마나 힘들고 외로우면 멀리 있는 내게 전화를 해서 위로를 받고 싶었을까. 그녀에게 나는 어떤 존재였을까. 그냥 이야기를 들어주기만 하는 사람인가. 들어주기만 해도 그녀는 위로가 될 수 있을까.
  좋은 이야기도 자주 들으면 듣고 싶지 않다. 늘 울가망한 이야기를 전해주는 그녀의 말이 달갑지 않았다. 그래서 언제부턴가 그녀의 말을 건성으로 듣지 않았나 싶다. 지나고 보니 그녀의 말에 좀 더 관심을 보이고, 다독여주지 못한 앙금이 가시지 않는다. 그녀와 나에겐 소통과 불통 사이에 난 작은 틈을 메울 숙제가 아직 남아 있다.

새끼발가락

발톱이 제대로 다 자라지 못해 없는 거나 진배없는 새끼발가락이 꼼지락거린다. 가을이 깊어도 여물지 못하는 콩꼬투리 속의 끄트머리 콩알처럼 안타깝다. 여느 발가락들 발톱이 깎이는 동안에도 쭉정이처럼 웅크린 채 모서리를 견뎌왔다. 막내, 태생부터 그랬다. 달아오른 팬 위의 물방울처럼 어디로 튈지 모르는 탁구공이었다.

운전 중에 등록되지 않은 전화가 걸려왔다. 평상시 같았으면 단박에 거절 버튼을 눌렀을 텐데 왠지 느낌 달랐다. 막내의 이름을 대며 ××어머니가 아니냐고 묻는데 순간, 드라이아이스를 뒤집어쓴 것처럼 온몸에 소름이 돋았다. 몇 년 전 큰딸을 납치했다고 섬뜩한 목소리로 걸려온 보이스 피싱 사건이 있었다. 그 후, '자라보고 놀란 가슴 솥뚜껑 보고 놀란다'고 낯선 전화에 지레 과민반응을 보여 온 터였다. 내용을 다 듣기도 전에 오른발에 힘이 들어갔다.

차의 속도가 왜 이리 더딘지. 가속페달을 밟고 있는데 차는 자꾸만 뒤로 밀리는 듯했다. 막내가 커갈수록 학교로 불려가는 일이 종종 생겼다. 축구를 하다가 친구랑 부딪혀 넘어졌는데 한쪽 팔을 들지 못한다는 담임의 전화였다. 일전에도 축구를 하다가 날아온 공에 안경이 부러지고 눈이 충혈 된 적 있었다. 혹여 시력에 이상이 있지 않을까 부리나케 달려가는 동안에 오만가지 생각이 다 지나갔다. 제 아빠나 나는 운동신경이 그리 나쁘지 않은데 녀석은 돌연변이인가. 축구를 할 때마다 문제가 생겼다.
 교문을 나오는 막내는 나를 보자 어색한 미소를 지었다. 안심시키려고 부러 웃는 것을 왜 모르겠는가. 오른쪽 팔을 축 늘어뜨리고 억지웃음 뒤에 통증을 참아내는 일그러진 모습이 보였다. 차를 타자마자 "엄마, 미안해. 미안해."라며 연거푸 말했다. 딴에는 걱정시켜서 미안하다는 말이겠지만 그러는 녀석이 더 안쓰러웠다. 가속페달을 힘주어 밟았던 오른발의 새끼발가락이 아릿하게 느껴졌다. 애써 미소를 지으며 병원으로 달렸다.
 쇄골 골절이라는 진단을 받았다. 부러진 쇄골이 어긋나지 않고 그냥 금이 간 상태라고 했다. 만약에 어긋나 수술을 했다면 하늘이 노래질 만큼의 통증을 참아야 한다, 애 낳는 것은 비할 바도 아니라는 경험자의 말이 생각났다. 전치 8주 진단이 나왔다. 4주간은 양쪽 어깨를 걸어 뒤로 엑스자로 고정해 마치 범인을 포박하듯 꽁작 못하게 하는 장치를 해야 했다. 나머지 4주는 장치를 풀고 나서도 과격한 운동이나 심한 장난은 금물이라고 의사는 막내에게 엄포를 놓으셨다.

한여름 막내와의 전쟁이 시작되었다. 사춘기에 들어선 녀석에게 아낌없는 사랑과 관심을 쏟으라는 신의 계시라 여기고 기꺼이 손과 발이 되어주었다. 처음 며칠은 밥을 먹는 게 서툴러 먹여줬다. 머리도 감기고 옷도 입혀주고 다시 갓난아이가 된 녀석의 일거수일투족에 함께 했다. 귀찮아 짜증스러울 때도 있었지만 친절한 매니저가 되려고 노력했다. 잘 때도 반듯하게 자야 한다고 했기에 한밤중에도 몇 번씩 확인했다. 뒤척이며 자는 아이를 바로 눕히고 나면 잠은 멀리 달아나버리고 녀석의 유년을 불러왔다.

막내에게 처음으로 회초리를 댄 적이 있다. 일곱 살에 입학한 아이는 입학생 중 제일 작았다. 행동이 재발라서 잠시도 자리에 붙어 있지 않았다. 호기심 많은 녀석은 입학하자마자 때 만난 물고기였다. 행동반경이 넓어진 녀석을 찾아다니는 것이 일과 중 가장 큰 골칫거리였다.

그날은 하교 후에 아파트 놀이터에 나가서는 일곱 시가 넘어도 돌아오지 않았다. 단지 내에 방송해도 소식이 없었다. 어둑해 오고 갈만한 곳은 다 찾아다니고, 친구들에게 연락도 해 보았지만 행방이 묘연했다. 캄캄한 어둠이 질 때까지 돌아오지 않아 심장이 다

오그라드는 듯했다. 동사무소에도 연락하고 파출소에도 신고했다. 기다리는 수밖에 없었다. 침이 바짝 말랐다. 좌불안석은 이때 하라고 나오는 말인 것 같았다.

얼마나 지났을까 파출소에서 전화가 걸려왔다. 호기심이 발동한 녀석은 아파트를 벗어나 멀리 주택가까지 나가 친구랑 놀이에 빠졌나보았다. 돌아오는 길에 순찰 중인 경찰 아저씨 눈에 띈 것이다. 집에서는 야단법석이 벌어졌는데, 녀석은 자신이 발견한 신천지를 맘껏 탐험하고 있었다. 무사히 돌아와서 다행이지만 다시는 이런 일 없도록 회초리를 든 것이다. 남자라고 악! 소리 한번 안 지르고 눈물만 글썽이는 녀석이 대견스럽고 듬직했다.

몇 십 년 만에 찾아온 폭염에 막내는 생 발가락 앓듯 힘들어했다. 혈기왕성한 시기에 제대로 씻지 못해 고약한 냄새로 누나들은 코를 틀어쥐었다. 병원에 가야만 옷을 갈아입을 수 있어 수건을 가져가서 닦아줘야 했다. 사춘기 이후로 제 몸을 절대 보여주지 않던 녀석이 별수 없었던지 내게 몸을 맡겼다. 쑥스러워하는 기색이 역력했다. 제법 성숙한 몸이 되어가고 있었다. 떡 벌어진 어깨와 단단해진 가슴을 닦아내며 내심 뿌듯했다.

꼬리를 내릴 것 같지 않던 무더위와 함께 막내의 쇄골도 회복이 되었다. 딸을 키울 때보다 신경을 덜 쏟은 것은 인정한다. 변명 같지만, 큰애들 키우면서 부모가 안달복달한다고 뜻대로 되는 것도 아님을 터득했었다. 누나들을 거울삼아 막내는 저절로 크겠거니 했다. 이번 일로 가을 햇살을 통째로 포식하는 벼처럼 더 단단해지고 여물어졌으리라.
 돌탑의 무게를 아랫단에 낀 돌이 받치듯 신발의 바깥쪽 자리를 지키는 막내의 몫이 아마도 발의 중심에 이르는 게 아닐지.

다시, 신혼

　결혼 30년 차인 우리 부부를 두고 신혼이란다. 무슨 귀신 씨 나락 까먹는 소리인지 모르겠다. 맏딸은 출가했고 작은딸과 아들은 제각기 삶을 일궈가는 중이다. 이렇게 세 아이 모두 우리 곁을 떠나고, 북적거렸던 집안에 단출하게 둘이서 살고 있다. 이런 우리 부부를 두고 남들이 듣기 좋은 소리로 한 말이다. 신혼엔 깨가 서 말 쏟아진다고 했던가. 나이 들어 다시 맞는 신혼은 무덤덤한 맹물 같거나 도저히 섞일 수 없는 물과 기름 같다.
　깨가 쏟아지는 신혼이 언제였더라, 있기나 했나 싶을 정도로 까마득하다. 결혼 30년이란 세월에 감정도 무뎌지는지 매사에 시큰둥하다. 나만 그런 것이 아니라, 남편도 물에 물 탄 듯 술에 술 탄 듯 그냥저냥 흘러가는 일상이다. 요즘은 웬만해서 감흥을 불러일으키는 일이 없다. 박장대소로 눈물을 찔끔거리며 웃어본 지 까마득하다. 사소한 일에도 감탄사를 연발하던 때가 언제였던가. 그동안 이성적인 판단으로 급급하게 살아오느라 감성적인 면을 사치라고 억누르고 있었던 게 분명하다. 서로가 새삼 감성의 싹을 틔워보려고 하지만, 큰 돌덩이로 눌러놓은 듯 감성의 발아는 더디기만 하다. 어쩌다가 모래바람만 서걱대는 건조한 부부가 돼버렸다.

결혼생활 내내 우리 부부는 서로를 챙기고 바라보는 것은 늘 차선이었다. 어느 가정이나 비슷하겠지만 곁에 있는 배우자보다 부모·형제나 가족이 먼저였고, 자식들을 건사하는 것이 최우선이라 여기며 살아왔다. 그렇게 서로에게 외면 아닌 외면으로 살아오다가 둘만 덩그러니 남겨졌다. 부부로 산 세월이 어딘데 서로가 상대를 너무나 잘 알고, 당연히 상대를 위하며 살아왔다고 여겼다. 우리 부부의 맹신이 '나만한 남편이, 나 같은 아내는 없다'라고 서로 자신을 과대평가하는 '과신 효과(overconfidence effect)' 또는 '과신 오류'의 예가 아닐까. 진정으로 상대를 위하는 것은 나를 기준으로 한 것이 아니라, 상대의 기준에서 배려하는 것이 옳다고 본다.

아이들이 없다고 해서 둘이서 함께하는 시간이 많아진 게 아니다. 오히려 각자의 생활공간과 시간을 가지려고 했다. 남편은 남편대로의 생활에 익숙해져 있고, 나는 나대로의 시간만 할애하며 살고 있다. 각자의 생활에 참견하는 날엔 사생활 침해라도 당한 듯 괜한 트집을 잡았다. 그러다가도 상대가 하는 일에 서로 관심을 두지 않으면 못내 서운해 했다. 급기야 각자 자기가 좋아서 하는 일에 간섭하지 않기로 했다. 남편은 퇴근 후 TV 채널을 돌려가며 프로그램 낚시를 하고, 나는 내 방에서 책을 보거나 글을 쓴다고 긁적이는 시간을 갖는다. 어느 날부터 잠자리도 각자 방에서 따로 잔다. 그렇다고 부부 전선에 이상이 있어서도 아니다.

이 나이가 되고 보니 잠자리에 대해서 그렇게 연연하지 않는다. 따로 잠잘 버릇을 들이니 좋은 점이 많다. 진짜 신혼이라면 말도 되지 않는 소리라고 할 것이다. 하지만 늙은 신혼은 예외다. 잠자리에 드는 시간을 서로 맞출 필요도 없다. 각자 자기가 자고 싶은 시간에 먼저 잔다고 하고 잠들면 된다. 한 사람은 잠들었는데 뒤늦게 들어가서 잠든 사람 깨워 잔소리 들을 이유도 없다. 나는 요즘 갱년기 증세로 불면의 나날이다. 밤새워 뒤척이고 화장실 들락거리고, 그래도 잠이 오지 않으면 거실에 나와서 우두커니 앉아 있을 때도 있다. 각방에서 자니 남편의 잠을 방해할 우려도 없다. 남편도 잠을 깊이 잘 수 있고, 나도 억지로 자려고 애쓰면서 힘들어하지 않아도 된다. 읽고 싶은 책도 읽고, 지나간 영화를 볼 때도 있다. 아니면 식탁 전등불 아래서 음악을 들으며 와인을 홀짝거리는 낭만도 즐길 수 있다. 그런데 아이들이 정색한다. 엄마 아빠가 한방을 쓰지 않는 것이 큰일 난 것처럼.

"너희들도 나이 들어 봐라, 따로 자는 것이 얼마나 편하고 자유로운지."

이렇게 말을 해주지만 이해할 수 없다는 표정들이다. 결혼 초에 집안 어른들께서 아무리 싸우더라도 각 방은 쓰지 말라고 했다. 하지만 우리 나이 때의 부부 중, 열에 여덟아홉은 각방을 사용한다. 아니면 한방에 자더라도 침대를 따로 마련해서 잔다는 사람도 있다. 이 나이가 되어서도 한방을 고수하며 잠자리를 함께하는 그야말로 드문 잉꼬부부도 있다.

 다시 시작된 신혼을 잘 보내야만 노후까지 평탄한 삶을 살아갈 것인데 어떻게 하면 이 시기를 잘 극복할 것인가. 나이가 들어갈수록 부부가 함께하는 취미를 가지라고 선배들이 조언했다. 하지만 외향적인 나와 내향적인 남편과는 성향이 다르다. 남편은 집에 꿀단지라도, 아니 금덩어리라도 숨겨두었는지 늘 집에 틀어박혀 있기를 좋아한다. 방랑벽이 있는 나는 하루만 집 안에 있어도 그야말로 환자가 된다. 사람을 만나야 하고 들로 산으로 강으로 바람을 맞으며 다녀야 생기가 돈다. 친구들이나 문우들을 만나 이야기하면 소통이 되지만, 남편과는 이상하게도 대화에 옹벽이 있다. 서로 자신만의 주장을 내세우고 굽힐 줄 모르는 옹고집 때문인가. 우리 부부 사이가 성숙하려면 더 많이 곰삭아야 할 시간이 필요할 것 같다. 쉰 중반을 넘어선 우리 부부에게 너무 이른 타협은 어쩌면 더 큰 분란만 일으킬 수도 있겠다.

 남편과 함께하는 것에 왜 다들 불편하다고 하소연할까. 우리 부부만 그런 줄 알았다. 밖에 나가서 친구나 언니들을 만나 이야기를 하다 보면 다들 나이가 들수록 남편을 남의 편이라고 한다. 오륙십 대의 여성들이 집안 살림에서 벗어나 독립을 할 시기다. 이 시기가 되면, 서서히 반항의 길로 들어선다. 제2의 사춘기라고 해야 하나. 여성 호르몬도 줄어들어 남성적 성향도 짙어진다. 어쩌면 가족들 때문에 숨죽여 살아온 날들에 대한 보상 심리도 들어있으리라. 나도 갱년기에 접어들고부터 남편과 대화 중 울가망한 기분이면 나도 모르게 '욱'하며 언성을 높이게 된다. 삼강오륜 중에 부부유별이라고 부부 사이에는 서로 침범치 못할 인륜의 구별이 있다고 했다. 문제는 부부라는 맹신 아래 무조건 내 편이라고 여기는 잘못된 생각에서 시작된다. 시쳇말로 부부 사이에도 미적 거리가 필요하다.

여고 동창 S부부는 어디에 가나 늘 함께 다닌다. 그 친구는 누구보다 남편하고 다니는 것이 좋다고 한다. 나는 나이가 들어갈수록 남편과 함께 다니는 것보다 혼자인 것이 좋다고 하니 친구는 의아해 하는 눈치다. 친구 부부는 둘이서 여행을 자주 한다. 멋진 풍경을 카메라에 담는 것도 좋아하고, 음악 취향도 비슷하고, 등산도 함께 즐긴다. 처음부터 두 부부의 성향이 딱 맞아떨어졌겠는가. 아마도 어긋나기도 다툼도 있었을 것이다. 그때마다 서로 양보하고 조율해 왔으리라. 친구네는 여행을 갔을 때 집안 이야기나 아이들 이야기는 되도록 하지 않는다고 했다. 부부가 서로 좋아하는 공동

화제를 두고 이야기꽃을 피운다고 했다. 상대를 배려하는 마음으로 자존심을 건드리는 대화는 피한다고 했다. 그런데 우리 부부는 대화하다 보면 데퉁스럽게 대꾸를 하는 바람에 늘 삐걱거린다. 그럴 때마다 조율이 아니라 어긋난 부분에서 아예 더 이상의 대화나 묘책을 세우지 않아 왔다. 이제 와 생각해 보니 조율해야 하는 과정이 힘들다고 회피해 온 우리 부부의 잘못이 크다.

부부만 남게 된다는 것을 생각지도 않고 살아왔다. 어느덧 세월이 흘러 우리 부부도 단둘이 남게 되었다. 신혼 때처럼 아등바등 서로에게 친밀감을 가지려고 애쓰지 않아도 남편은 내 앞에 있고 나도 남편 곁에 있다. 연로하신 노부부를 보면 있는 듯 없는 듯 소통하는 것을 보면 신통하다. 상대의 눈짓, 행동만 보면 상대가 무엇을 원하는지 알 수 있다고 한다. 머잖아 우리 부부도 서로의 눈빛 하나로 무엇을 원하는지 가늠할 때가 오지 않을까.

지금 우리 부부는 '다시, 신혼'을 위해 살아가는 법을 조율 중이다. 좀 더 시간이 흘러 지금 살아온 만큼의 시간이 지나면, 그때는 여느 노랫말처럼 늙어가는 것이 아니라 익어가는 시간이 올 것이다. 그날까지 언제나 다시, 신혼.

이복희 시인·수필가

경북 김천에서 태어났다. 2010년 『문학시대』 수필 신인상, 2022년 계간 『시에』 시 신인상으로 등단했다. 저서로 시집 『오래된 거미집』, 수필집 『내성천에는 은어도 별이 된다』, 공저 『바람집을 썰다』 등이 있다.

내성천에는 은어도 별이 된다

1판 1쇄 찍은 날 2024년 9월 20일
1판 1쇄 펴낸 날 2024년 9월 27일

지은이 이복희
펴낸이 김완준

펴낸곳 모악

출판등록 2016년 1월 21일 제2016-000004호
이메일 moakbooks@daum.net

ISBN 979-11-88071-69-2

값 15,000원

* 이 책의 내용을 재사용하려면 모악의 서면 동의를 받아야 합니다.
* 이 책은 (재)구미문화재단「2024 구미 예술창작지원사업」으로 발간되었습니다.

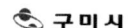